发售

智多星◎著

团结出版社
UNITY PRESS

图书在版编目（CIP）数据

发售 / 智多星著. — 北京：团结出版社, 2024.4
ISBN 978-7-5234-0998-5

Ⅰ.①发… Ⅱ.①智… Ⅲ.①销售管理 Ⅳ.
①F713.3

中国国家版本馆CIP数据核字(2024)第098384号

出　版：团结出版社
　　　　（北京市东城区东皇城根南街84号　邮编：100006）
电　话：（010）65228880 65244790 　（出版社）
网　址：http://www.tjpress.com
E-mail：zb65244790@vip.163.com
经　销：全国新华书店
印　装：河北盛世彩捷印刷有限公司

开　本：145mm×210mm　32开
印　张：8.25
字　数：159千字
版　次：2024年4月　第1版
印　次：2024年4月　第1次印刷

书　号：978-7-5234-0998-5
定　价：99.00元

发售

先进的批量成交方法论

扫码关注智多星公众号

作者简介

智多星

中国发售教父
逍遥族创始人
中国营销教父刘克亚最年轻的学生

智多星本名曹志，逍遥族创始人，脉冲式发售发明人。1987年出生于安徽。从事电商6年时间，单店年销售额最高达2.1亿元。2014年踏上"自明星营销"之路，著有《自明星营销方程式》一书。2015—2024年曾用发售技术累计创造8000万课程收入，最高峰45天创收1800万。拥有5项独门绝技："越狱文案""意识国度""认知编程""人性源代码""脉冲式发售"。

被中国营销教父刘克亚老师誉为"发售艺术家/中国发售第一人"；被业界誉为"中国发售教父"。

出版书籍

《自明星营销方程式》《脉冲式发售》《变种·销售信》等畅销作品。

《自明星营销方程式》　　《脉冲式发售》　　《变种·销售信》

发售真的太火了

亲爱的朋友，你好！

我是智多星，中国发售教父，也是逍遥族创始人。我一直有一项秘密的绝活，这项绝活可以让我"三年不开张，开张吃三年"。

当然，这项绝活可不是人们口中的"倒卖古董"，而是**发售技术**。

如果3年前你跟别人说"发售"，别人会问你：什么售？

发售。

发什么？

发售。

销售是吧？销售我知道呀。一对一成交，我很擅长的……没错，这就是大众的认知。而今天"发售技术"已经是知识营销圈最热门的收钱绝活。

谁掌握了它，谁就相当于拿到了财富的"金钥匙"！

我知道，你可能第一次听说这个概念，有一些陌生。但是我想告诉你的是，那些过着"轻松赚钱，潇洒生活"的大师们，都在秘密地使用这个策略。

而我也是无意间推开了新世界的大门，第一次使用发售技术，我就在几天之内赚到了60万，而在此之前，我努力奋斗了7年，口袋里的积蓄也不超过10万元。

所以从那一刻起，我就明白了，人生的成功，不取决于人脉、资源、学历、现金，也不取决于所谓的"勤奋努力"，而是取决于思维的不同。

换言之，我的大脑中装入了一套不同的思维——发售思维，这个思维与通常理解的销售思维是完全相反的。或许你也曾经对自己说过这样一句话：**打死也不做销售**。

没错，16岁那年我就对自己说过这句话。早年间，我的爸爸和长辈们告诉我，想要做老板，一定要懂得销售，但是我真的做不到，厚着脸皮去跟陌生人推销产品，那样我会感觉"窒息"。

我原以为，像我这样的技术宅男要做一辈子的"可怜虫"。但万万没有想到的是，这个世界上还存在一种不用推销、不用说服的成交方式，而且效率比销售的效率高10倍甚至百倍。我敢打赌，你也会爱上这种方式。那么什么是发售呢？

一句话概括，就是：<u>一种通过多米诺流程，实现产品批量售卖的成交技术。</u>

常言道：年轻人，不要总想着一步登天，一口吃成一个胖子，对吗？

没错，销售思维其实就是一步思维，恨不得一个流量进来，立刻成交他。而发售思维是多步思维，通过多个步骤的连环布局，最终实现产品的批量售卖。

虽然一口不能吃成一个胖子，但是世界上还是有很多胖子的。为什么？因为他们是多口吃出来的。从现在开始，你第一件要做的事情，就是放下一步思维，放下对业绩的执着和恐惧。很多时候，我们人生中的难题，只需要拆分成几步就很容易实现。那么为什么发售比销售更符合人性，更有效率呢？

你思考一个问题，一个用户会不会购买你的产品，有5个前提：

1.信任你；

2.有需求；

3.有欲望；

4.没风险；

5.要有钱。

是在一小时内让对方满足这5个前提容易，还是分成5步，一步步实现容易？

答案显而易见。发售就是这么一套系统，非常科学，有理论，有模型，有方法，不是凭感觉、凭运气把东西卖出去。

也许有人在某个时间凭运气快速赚到了一些钱，但是我想告诉你的是，人生是一场马拉松，不是百米冲刺，不靠运气赚钱才能持久。我不妨告诉你：**发售技术就是那个可以让你屹立不倒的撒手锏。**

你可能认为我在夸大其词，但事实不容置疑。我人生的第一次创业是做淘宝，从2007年到2013年，我不仅一事无成，而且还负债累累。

后来我耐住性子给别人打工，一年后才还清债务。第二次创业是从2015年至今，我赚过大钱，但也做过很多错误的投资，并且踩过大坑（一次亏损了800万）。

但是我没有倒下。原因很简单，因为我有两样东西：

第一，私域名单；

第二，发售技术。

只要有这两样东西在，我就可以在缺钱的时候快速提取现金，我坚信：**强度大于规模。**

人生的绝对壁垒，并不是你的公司有多大，因为再大的公司也有可能在一夜之间瓦解；也不是你口袋里的现金有多少，因为有无数个亿万富翁倒下之后就再也没有站起来；而是你手里拥有的"绝技"。

我喜欢用"绝技"这个词来形容发售技术。那么发售技术真的有这么厉害吗？

现在我就来谈一谈，我用发售技术干过什么颠覆认知的事情。

　　我已经不记得过去9年我做过多少次发售了。下面我分享几个比较有代表性的案例。

一、一张发售导图搞定某企业高管

　　2018年，我做了一个社交电商的平台，当时某企业出了一个CPS的接口，只能给6家企业内侧名额，而我们非常需要这一接口。

　　于是我托关系，获得了可以去该企业总部面谈的机会。说实话，当时我还是挺紧张的，到那之后，我们被带到一间会议室，对接的管理人员进来后，气势逼人，直接问了一句话：智多星老师，我们为什么要把这个接口给你？你有什么过人之处？

　　我说：这样吧，我给你们画一张图，这张图帮我45天赚到了1800万。

　　然后我就拿起笔，在墙上的白板上一边画图，一边讲解。讲解结束的时候，他们的面部表情告诉我，我成功了。

　　那是目瞪口呆、惊叹不已的表情！虽然他们极力掩饰，但多年的经验告诉我已经十拿九稳了。

　　他们起身只说了一句话：接口给你，安排技术人员配合你们调试。

　　我画的这张图，就是2017年《馅饼计划》的发售全流程导图。震撼他们的并不是1800万的收入——这点钱对于一个大平台来说不值一提，而是这个发售流程中用到的双重叠加裂变思维，这是他们极度渴望的，他们最喜欢私域裂变了。

二、16天搞定4500人的抖商大会

2019年3月，我去杭州旅游，碰巧遇到一位朋友，非要我去他们的公司参观一下，去了才知道，他们这家公司叫**抖商大学**。

他们正在筹划一场大型发布会：世界抖商大会，规模3000人。但是遇到了巨大的困难，希望我给点意见。出于朋友情分，我毫不吝啬地给出了落地方案，他们的股东看完之后感觉非常好，但是有一个问题，他们认为自己无法落地，希望我帮他们落地。我说不行，后面的行程都安排好了，如果我帮你们落地，我的损失会很大。

他们再三请求。于是我说：如果你们想让我帮你们落地，就需要支付一笔高额的咨询费。明天中午12点之前把钱打到我账上，下午我就开始干活；如果我没有收到钱，下午我就会离开杭州。

第二天早上醒来，我就收到了一笔大额转账。于是我花了4天时间策划了全套的落地方案，然后在飞回广州的途中配合他们执行落地。你猜最后怎么着？

2019年3月23日，世界抖商大会现场出席人数超过4500人，而且由于规模太大，很多人以为这个活动是抖音官方策划的。当日

抖音就在今日头条上发布了澄清公告，说明这个活动不是官方举办的。

涨粉 变现| 3.23首届世界抖商大会圆满落幕！

2019-05-30 14:26

所以你会发现，发售技术不仅可以用来征服比你能量高的合作伙伴，还可以用来发售门票、发布会。当然，我一般用它来发售课程。

三、45 天进账 1800 万的课程发售

2017年我发起了一场叫《馅饼计划》的发售，毫不夸张地说，这场发售会完全有资格被写进营销行业历史，因为这场发售不管是从模式、流程设计，还是从成绩角度讲，都具有颠覆性创新。每次提到它，我都会莫名地感到兴奋。

这个兴奋不是来自收入，而是其中惊为天人的巧妙设计。每次在线下传授的时候，我总能听到学生们私下说的一句同样的话：智多星老师是外星人吧？真想把他的脑袋打开，看一看到底是怎么长的。

我想告诉你的是，当时我们公司只有4个人。如果一家公司一年要创造1800万的收入，可能需要100个销售人员。而我们公司4个人只用了45天就完成了目标。

所以，如果你想"轻松赚钱，潇洒生活"，发售技术无疑是你最佳的选择。很多人以为公司的团队越大，自己就越轻松，幻想着某一天公司可以自动化办公，自己就可以去偷懒、去环游世界了。

后来才发现，那简直是痴人说梦。钱是赚到了，但是随着公司越来越大，人越来越多，成本也越来越大，每天都要为业绩发愁。还有公司里面的内耗。如果一周不待在公司，你就会感觉浑身难受。我不是在跟你说笑哦。

我有一个兄弟叫乌鸦老师，他是一位国内顶尖的情感导师，公司的销售人员最多时达到200个，后来稳定在60个，一年下来看似挣了几千万，利润却只有几百万。他精神高度紧张，每天不仅要盯着公司，自己还要讲课。

后来我们因为一个机会相识，我教他用发售的方式批量售卖课程。一开始他还不太确定这个方法是否有效，不敢把销售人员裁掉。后来在一次大规模发售的过程中，他发现，销售根本没有存在的意义，纯粹就是在"捡单"。现在他的公司一共只有3个人，利润却是之前的几倍，而且毫无压力。

因为公司一个月开支不到3万，就算一年不赚钱，成本也只有36万，而他随便做一场发售都有上百万利润。2022年5月，我给他做了一场发售《连招3.0灌顶计划》，收入110万左右。2023年的《白驹聊天秘术》，发售收入230万。

毫不夸张地说，掌握了发售技术，你的商业模式就会变得非常简单。

试问，谁不想每天睡到自然醒，一边旅游，一边赚钱呢？这个模式有个很响亮的名字，叫**逍遥模式**。这个模式是我创业17年来总结的最佳商业模式。

2021年12月，我在广州举办了《脉冲式发售系统》的线下课程，全国超过50位创始人来到现场学习，这是历史性的一刻。因为在此之前，国内还没有系统的发售课程，也没有系统的方法论。

之后的3年里，我一共大大小小开了8场线下密训课程，培养了超过1000位发售超盘手。如今，全国95%的发售从业者都是我的学生。

　　他们中的80%都已经完成了至少1场发售，并且分别在心理学、文案、易学、个人品牌、家庭教育、身心灵、瘦身、情感、实体等诸多行业取得了惊人的成绩。

金雨麒：序列发售创始人
《百万个人品牌私董会》
7天成功发售
100万

金澄：引爆式批量下单发明人
《引爆式批量下单计划》
3天成功发售
30万

孙校长：视频号大学创始人
控心发售系统
7天成功发售
100万

谭恒山（人居环境学）
联合出品人计划
14天成功发售
70万

京晶：上古学社运营总监
《幸福家道感召计划》
7天成功发售
220万

薛名芯：潜意识成交创始人
《人脑黑客》
7天成功发售
121万

毛毛|心理学成交教练
《心理学成交私教》
30天成功发售
37万

斯琴 心之能量
《心之能高级疗愈师班》
2个月累积发售
100万

至善叔叔 创始人故事编导
《定制你的故事名片》
7天成功发售
110万

清华大嫂｜灵性发售军师
知识产品发售
21天成功发售
220万

仟沅：身心灵发售落地教练
《心理学 家庭教育》
15天成功发售
85万

煜宁：海外名校升学专家
7天成功发售
39.8万

还有很多成功案例，这里就不一一列举了。

一场发售收入30万、50万、100万的比比皆是，现在整个互联网都在使用发售技术。2023年小鹅通、创客匠人、哇咖咖等知识付费平台都陆续宣布，他们将用发售技术赋能自己的客户。

同时，很多厂长、校长、私域营销领域的老师们，都开始用发售模式经营自己的公司。未来每个公司都会有一个必不可少的部门，那就是"发售部"。

相信我，所有的生意都可以用发售重做一遍。

亲爱的朋友，欢迎你进入一个全新的世界。而打开新世界大门的钥匙，就是这本书。

目 录
CONTENTS

1
Chapter
第一章

2

Chapter

第二章

3

Chapter

第三章

4
Chapter
第四章

5
Chapter
第五章

6

Chapter

第六章

7

Chapter

第七章

8

Chapter
第八章

9

Chapter

第九章

10

Chapter

第十章

11
Chapter
第十一章

12
Chapter
第十二章

13
Chapter
第十三章

14
Chapter
第十四章

15
Chapter
第十五章

16
Chapter
第十六章

Chapter

第一章

命运的转折

打死我也不做销售

16岁那年的夏天，我坐在"安庆西站"开往"东莞东站"的绿皮火车上，车厢内充满了泡面味与汗臭味的混合气味，周围的人都在聊天。突然，对面的一位叔叔问我："小伙子，长大了准备做什么？"因为那时候的我内向至极，便低着头没有回答。然后他说："如果你要做老板，一定要先做销售，因为我见过的大老板都是从销售做起的。"

"打死我也不做销售。"我突然提高嗓门说了一句。

我认为如果让我这么一个内向的人，拿着东西去"推销"，都不知道会发生什么，我有可能会像一个小丑。虽然我那个时候不知道长大了应该做什么，但是我非常明确地知道，我做不了销售。那么我是如何赚钱的？

很多人下意识地认为，要赚钱，就要卖东西，而卖东西就要情商高、脸皮厚、会喝酒、懂说服、搞关系，而恰巧这些我都不会。但不瞒你说，我现在赚钱比大部分人都轻松，为什么？

我们的目的是把东西卖出去，而销售只是一种把东西卖出去的成交技术而已。可世界上的成交技术，并不只有这一种。接下来我要与你分享的故事，或许会颠覆你的认知。

饭局里的 15 分钟，命运的齿轮开始转动

2013年3月，刚刚过完年，我迟迟没有出门，因为我连从安庆前往广州的路费都没有。我因为一些错误的决定，导致负债26万，我决定打工还债。借来的每一分钱的背后，都是一份信任，我必须面对，不能逃避。于是，我在找工作的软件上投了很多简历，很快一家香水公司的老板说想请我做他们的天猫运营总监，约我到广州面试，我很开心，但前提是我要解决路费问题。几经波折，我向一位朋友借到一些路费，得以成功去面试并被录取。

我是这家公司的第一个员工，从0开始搭建，我告诉自己，必须耐得住性子，走过这段低谷期。一年的时间，我干了百万的业绩，老板很高兴，而我每个月拿到薪资后的第一件事情就是还债。

2014年7月，我成功还完了26万的债务，与此同时我做出了一个决定——辞职。

辞职之后，我有两个选项：选项一，找一家更大的电商公司，谈更好的待遇；选项二，自己找供应链，然后开淘宝店继续创业。而改变我命运的却是意料之外的第三个选项。

那个时候还是电商的黄金时段，创业成本低，机会多。就在我犹豫不决之际，一场三人饭局，给我的人生列车加了一条新轨道。

"你知道什么是自媒体吗?"瑞风问我,他是凌风的朋友,我跟他也是第一次见面。

我回答:"不知道。"

他说:"未来是自媒体的天下。"然后他开始了15分钟的想法分享。

我听完之后,做了这辈子最重要的第一个决定:我要写文章,做自媒体,把我的电商运营经验分享给更多的电商商家。有时候,人生就是这么奇妙。很多人说自己运气不好,没有机会,没有贵人指点。但在我看来,机会和贵人其实就在你身边,只是你没有把握住而已。在我看来,瑞风就是我的贵人,虽然那一年之后,我们没有更多的交集,但他的那段分享的确启发了我。

回到家之后,我一口气在电脑里敲下了90篇文章的标题,我准备日更,这些标题够我写3个月的时间。自此,电商自媒体江湖中多了一号人物"宝贝详情心理学创始人:智多星"。但是万事开头难,难在哪里?难在毫无经验。现在很多人以为我的写作文笔应该从小就不错,但少有人知,我从小学3年级开始,语文考试作文的部分都是交白卷。那个时候,200字的作文对于我来说都是巨大的挑战。那么为何我现在可以每年写几本书呢?而你看到现在,也感觉到我的故事表达结构颇为成熟,对吗?

在这里我想向你分享一句人生格言:成年人的世界里,只有要与不要,没有难与不难。

如果是我想要的,再难我也会克服,只有小孩子遇到困难才会退缩。虽然我从小作文都是交白卷，而且在23岁之前都没有看过课外书，但是从我想做自媒体的那刻开始，这些都不是阻碍。我还记得我写的人生中的第一篇文章，在家整整写了一天。现在看来，那篇文章写得非常一般，但我的改变，就是这么开始的。千里之行，始于足下，难的都是开头。在营销中也有一句心法：<u>客户永远不会感觉第二步比第一步难。</u>

就这样，我连续在家写了几个月的文章，无论好坏，我都保持日更。当时发布文章的平台是QQ空间的日记功能，我在每篇文章的结尾都会留下我的微信号，慢慢积累了一批电商读者（也叫粉丝，在发售中叫名单），而我的故事也即将开启。

在 QQ 空间发了三封信，轻松进账数十万

2015年4月，我持续写文章已经超过8个月，累计电商粉丝已经超过几千人，热度很高，但变现惨淡。一个偶然的机会我从《吸金广告》这本书中知道了一种新技术——销售信。百度搜索之后，关联到了一个人，而就是这个人的出现，让我进入了一个全新的世界。

这个人的博客里面记录了非常多精彩的营销谋略，其中有一套"无销售方程式"让我眼前一亮，这不就是我这种内向的人需要的成交技术吗？不用吃饭、喝酒、搞关系，也不用情商高，更

不用说服推销，而是"不销而销"，用户全程心甘情愿被吸引着往前走，简直太美妙了！

说干就干，进入一个新世界最好的方式就是模仿。我参考博客中的流程，写了三封有关线下报名课的信，然后按照时间排列成一个流程并开始在我的QQ空间发布。

整个过程中我非常忐忑，因为我也不知道这么做会不会有效果。直到第三封信发布之后，时间一分一秒地过去了，什么反应都没有。那种紧张的气息让我心跳加速。

我在想，是不是应该偷偷删除三封"销售信"，这样或许可以给自己的失败一个合理的解释。我们总喜欢为自己的失败找个理由，心理学中叫：逆向合理化。

三封信发出5分钟后，正在我犹豫之际，我听了这个世界最美妙的提示音："支付宝到账：3000元。"

正当我怀疑这是不是真的时候，更多提示音紧随其后。钱到账的提示音响个不停，那一刻我兴奋得像一个孩子。除了进账的喜悦，更多的是我终于用笨重的双手推开了新世界的大门，不平凡的人生就此开启。

这个提示音一直到晚上12点左右才停止，最后统计有200人报名了线下课，进账数十万。在这个过程中，我与这些客户都素未谋面，也无一对一的说服式沟通，他们都是跟着流程，看完三封信后，自己转账的。或许现在你听起来并不新鲜，但那是在2015年。

那么什么是无销售方程式呢？其实无销售方程式底层用到的思维是"多米诺思维"，而"多米诺思维"就是发售技术的核心思维，无销售方程式就是一种发售技术。

而这个神奇博客的主人，就是我现在的老师——中国营销教父刘克亚。可以说没有我的老师，现在你不可能认识智多星这个人，没准那时我在什么地方开着淘宝店，做着小买卖，过着重复而无聊的人生。

这就是我人生的第一场发售，而接下来，我会在书里把发售技术的精华教给你。在正式学习之前，我想向你分享一句心法：不怕从零开始，只怕从未开始。

你或许因为朋友的推荐，购买了这本书，或许你也学过很多其他老师的课程，但是我想说的是，懵懂的开始，比完美的准备更重要。

Chapter

第二章

脉冲式发售，创始人的互联网
专属"印钞机"

脉冲式发售，创始人的互联网专属"印钞机"。这是我常常在课程中向我的学员们分享的一句话，因为"发售"不仅改变了我的命运，同时在过去的3年里也改变了超过100个家庭的命运，这也是为什么我一直有动力去科普发售技术的核心。

现在，我希望发售也可以改变你的命运，为了让你更加具备动力看完这本书，请允许我邀请3位朋友跟你分享一下他们的故事。

故事一：他通过教人写故事，年入百万

亲爱的朋友：

你好！

我是若轩，故事力成交系统创始人，克亚老师称我为"传奇雕刻家"。很多人见了我都会说，你是不是天生就具有营销天赋？其实不然，我曾经跟你差不多，不，甚至比你还要糟糕。如果不是遇到智多星老师，那么我的人生将是完全不一样的故事（一个糟糕的故事）。

我出生在山东青岛的一个农村。我2015年上大学期间，就阴差阳错步入了知识付费行业，顺着风口赚到了第一桶金，大三时年入30万，大四时已经在青岛买了三室两厅的房子。那时的我俨

然成了同学羡慕的偶像、老师眼中的杰出学生，然而大学毕业后，商业环境已在不知不觉中变了天。赚钱越来越难，明明提升了自己的能力，赚的钱反而越来越少了。

我这才意识到，自己就是站在风口的那一头猪，风口过了，就再也飞不起来了。

我用了各种途径想要提高营业额，如花十几万在多个平台投广告，疯狂写干货文章并发到各大平台，但这些都收效甚微，我**甚至曾整整两个月没有收入。**

那时父母始终不同意我创业。作为传统的山东父母，他们就希望我考编或者考公，有一个铁饭碗。眼看着我收入越来越低，他们的反对声也越来越大。如果我的业绩无法好转，就不得不听他们的，然而，我不想过一眼就能望到头的生活。

经过我多方打探，得知有一种神奇的技术，叫"发售"。各路营销高手，一场发售就能变现几十万甚至上百万。

"怎么可能？忽悠人的吧！"对我来说，这简直是痴人说梦，我一年也就赚几十万，他们怎么可能一天就赚到这么多钱？

即便如此，我还是上网查了很多发售的资料，看了很多书，然后照猫画虎地搞了一场发售，辛辛苦苦折腾了一个星期，结果只赚到了可怜的400块。

那时的我仿佛坠入谷底，也陷入深深的自我怀疑。**"看来，我不是做营销的料……"**难道我只能去找一个铁饭碗，过一眼就能望到头的人生？

一次偶然的机会，我进入了智多星老师的课堂。

上了老师的课程我才恍然大悟，原来，发售不仅是拉群讲课这么简单，还有精妙的流程、神奇的心理按钮、详尽的编程控件。我的发售之所以失败，就是因为只模仿了形式，却忽略了核心的心法和流程。

听完课以后我立刻做了一场发售，4天变现3万元。我无比震惊，这让我认识到，原来普通人也能够通过发售轻松赚钱，并且老师讲的都是货真价实的干货。

听到老师在直播间讲要收学员，我就隐隐萌生了拜师的念头。然而，20万对当时的我来说不是一笔小数目，若是花了得多久才能赚回来？我陷入了纠结之中，看了很多老师的文章，还有其他学员的朋友圈，一周以后，我终于决定，斥资20万拜师。

在继续听老师的课后，我感叹营销竟然还有这么多不为人知的秘诀、要领、心法。这些东西要是全凭自己悟，恐怕三年五载也未必悟得明白，但是老师的点拨顿时让我豁然开朗，如梦初醒，从此以后，我的成长速度就像坐上了火箭一样。

那时候正在做发售，原以为猴年马月才能赚回拜师费，没想到老师不仅给了我技术指导，还帮助我背书和引流，短短10天我就轻松赚回了拜师费。

6月份，我又参与了老师脉冲式发售线下课程，深入学习发售。

3天课程结束以后，在办公室里，老师又为我详细梳理了发售流程。回到青岛后，我文思泉涌开始创作，很快出版了自己的第

一本书《你的故事，价值百万》，并通过这本书撬动一场发售。

最终，在一个仅有70多人的直播间，一小时预售实收金额33万。

事实上，我在直播间里还犯了一个巨大的错误，如果没有这个错误，我的销量一定远远不止如此，每每想起来，我总会捶胸顿足。

年底，我又做了第二场共读发售。可当时新冠肺炎疫情严峻，领读员有一半核酸检验呈阳性，没法参与直播；学员有一半核酸

检验呈阳性，没法打卡；老师核酸检验也呈阳性。更惨的是，共读到第5天，到了最关键的时刻，我核酸检验也呈阳性了。

开弓没有回头箭，我只能硬着头皮顶着39.5摄氏度高烧做完共读，一边咳嗽一边直播，本来设想好的流程，有一半无法实现。可即便如此，最终仍然成功发售36万。这更证明了脉冲式发售的强大。

我还运用发售+故事技术，改变了无数学员的命运。故事力成交给了他们新的启迪、新的感悟，他们以前所未有的激情和期待，投入了崭新的、惊心动魄的旅程，收获了连自己都**难以置信的人生飞跃**。在过去一年里，一个又一个捷报传来，我亲眼看到学员们日入过万。

"停，你说这些跟我有什么关系？"

我跟你讲这些，不是为了展示我有多厉害，而是想告诉你：我可以做到，他们能够做到，你更能做到。老师的脉冲式发售技术，是顶尖的发售技术。只要你掌握了，并且熟练运用，你就再也不会为钱发愁。你再也不需要朝九晚五，忍受老板的压榨、同事的排挤，还有客户的白眼。你可以一边旅行，一边做发售，弹指间就可以赚取梦寐以求的财富。

我在前方等你。

故事二：50 多岁的我，带着儿子做发售，年入百万

亲爱的朋友：

你好！

小时候的你是否梦想过成为一名老师教书育人，但由于种种因素，导致你的梦想到今天也没有实现，只能把它封存在儿时的记忆里？

曾经的你是否有一个做导师的梦想，想成为一名行业意见领袖，不断地学习、到处报课，花费了很多的时间、精力、金钱甚至尊严，却始终无法落地变现，只能仰天长叹，最后变成一段痛苦的回忆？

此刻的你是否站在工厂的中央，望着一条条生产线，每天的资金像流水一样从账上划走，而仓库的库存堆得像山一样？面对激烈的市场竞争，你还不得不继续研发新的产品，始终梦想着在内卷的市场中，寻找自己的一席之地？

如果你有以上任何一种状况，那我强烈邀请你接下来一定要看完我的故事，因为曾经的我就和今天的你一模一样。

我是心雅，利润魔术创始人，智多星老师的学员。

小时候一直梦想着长大以后要成为一名人民教师，站在三尺讲台上，帮助更多有梦想的孩子打好实现自己梦想的基础。然而

我身处在贫穷的家庭环境，所谓的"懂事"让我不得不放弃自己的梦想。

改革开放以后，我随打工大潮南下，那时吃的是老干妈，睡的是阁楼大通铺，辛苦工作一年老板跑路了。历经千辛万苦，我终于拥有了那个时代人人都羡慕的身份——老板。

然而，因受到互联网的冲击，我不得不在互联网上寻找出路。面对无数的项目、各种的学习，我每天忙得就像一个陀螺，不是在项目的学习中，就是在学习的路上。在互联网这个大染缸里，总梦想着一夜暴富。可银行卡里的余额越来越少，而自己所谓的事业毫无进展，工厂搞得一塌糊涂，员工大量流失，订单无法交付，现金流严重短缺。

老公和孩子整天把我当空气，那一刻，我心如刀绞，几十年的辛苦奋斗，这是我要的结果吗？每一天我都窝在办公室的椅子上，面无表情地看着电脑的屏幕，无精打采地过着一天又一天，行尸走肉般活在自己的世界里。直到2020年10月，我偶然点开了智多星老师的直播间，从此命运的齿轮开始转动。

我记得非常清楚，老师说"一个人带一个小助理，做知识付费可以轻松年入百万，掌握一套系统，公司只需要三个人就可以轻松年入千万"。我和儿子不就是最好的搭档吗？当时我们娘俩就在知识付费平台卖课，同时自己也交付。

就这样，我每天趴在老师的直播间里面学习、做笔记，疯狂吸收知识，老师每天直播两小时，我连厕所都不敢去上，生怕落下任何一个知识点。整整坚持了半年，在2021年5月，我的互联网创业知识付费营收终于迎来第一个100万。在互联网8年的摸爬滚打，所有的委屈、疲惫、心酸，在那一刻汇聚成幸福、开心的泪水夺眶而出。

我继续在智多星老师的直播间里学习老师最前沿的技术，顿悟着人生的智慧。老师在营销领域的功底如浩瀚的宇宙那样深邃，让我充满了无限的好奇和期待。2021年10月，机会来了，智多星老师在广州开线下课，我想都没想，直接报名了老师线下课，带着儿子前往广州。在学习现场，我主动转款成为老师的学生。

这无形中彻底改变了我和家族的命运。

在没有拜师前，我每天玩命工作，全年无休，身体严重透支；拜师以后，我一年工作三个月，剩下的时间就是带着家人周游世界，真正做到了轻松赚钱，潇洒生活。

看到这里，也许你会好奇，智多星老师到底给我施了什么魔法，能让我在短短的两年时间内发生了如此翻天覆地的变化。接下来，我分享的内容跟你接下来的人生息息相关，只要你掌握其中的任意一招，你就可以轻松甩你的同行三条街，让你的财富指数级增长，让你的家族飞速崛起。

我记得非常清楚，那是2021年的大年三十，当时老师带着师母和孩子在三亚度假，一向"勤奋"的我找到老师咨询（我的工作性质决定了春节也不休息）。老师手把手辅导我，帮我设计产品链条，告诉我如何写销售信，并且把资料整理好发给我，忙完后已是下午2点，老师连午饭都没有吃。

那一刻，我真的被老师深深感动，我暗暗下定决心，一定要好好跟着老师学习，把老师的发售技术发扬光大，跟着老师一起为更多的创业者赋能，做一个有价值、有担当的营销人。

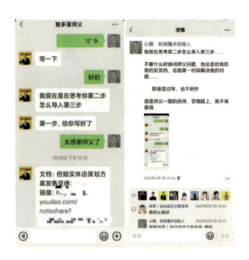

"心雅老师，智多星老师到底教会了你什么？你又取得了什么样的成果？"

这个春节彻底颠覆了我以往对赚钱的认知，让我真正体会到了一把批量收高价的快感，真正体会到了什么是轻松赚钱、潇洒生活，真正体会到了家族崛起的实感而不仅仅是期待。

为了便于你快速消化和落地实操，我把这次发售的经验总结为三点。

一、用心布局

发售的成功与失败，与整场布局息息相关，从上图的对话中你就能看到。

1.目标的规划和产品的设计，必须在活动未开始之前就要思考到位并设计出基本的雏形；

2.整个发售活动中，需要的物料和操作过程中的SOP（标准作业程序），需要提前整理和准备好；

3.整场发售过程中人员的组织和调配需要提前沟通并落实到位。

二、产品发售过程中的三大核心因素

1.入脑路径：如何调动客户的心理账户，如何快速设计出让客户快速行动的行为路径，如何激发客户想买在前、我们想卖在后的行为；

2.心理按钮：好奇、期待、从众、互惠、悬念等是一场发售过程中必不可少的，它可以快速按下用户的情绪开关，让用户快速与你产生共情、共鸣；

3.流程设计："多米诺"的环环相扣，一步步推着客户向前走，让客户每往前走一步，感觉离"真相"又近了一步，内心的渴望变得更加强烈。

三、发售过程中的细节把控

1.触达：要100%触达，全面覆盖，多方位触达，私信一对一群发，涉及朋友圈、微信群、短视频和直播；

2.文案：销售信、群发文案、海报、短视频和朋友圈文案、直播脚本；

3.角度：文案角度、故事角度；

4.成交主张：稀缺性、紧迫感、超级赠品、零风险承诺；

5.客户见证的素材整理：聊天记录、短视频见证，提前安排好直播间连麦，发售前一定要做最后的确认；

6.超级赠品的准备：强关联，促成交。

在老师的帮助下，我仅仅花了3天的时间，做了3场直播，就轻松变现了42万。客单价是31999，也是这次发售，让我尝到了高客单价批量收钱的甜头。从此，我跟儿子就开启了二人公司的创业模式。2022年老师教会了我写书，一本《利润魔术》，用有书共读模型，仅仅8天就轻松发售了92万。

2023年我跟儿子两人的公司一年仅工作了3个月，剩下的时间就是旅游、引流，而我们的收入却指数级攀升，我们的客单价也是逐步攀升，客户主动追着我们付10万、20万的咨询费。

感恩老师最好的方法，就是将老师教的方法发扬光大，如今我也用老师教我的发售和营销策略，帮助客户轻松变现了。

两年多来，老师不仅教会了我收钱的能力，还开启了我人生的智慧，他让我明白什么是真正的人生，人活着的真正意义是什么，让我真正找到了自己人生的归属，也彻底明白了什么是真正的传承。

在2023年的逍遥族年会上，老师给我颁发了年度创新奖（目前是逍遥族学员中唯一的获奖者）。我手握奖杯，知道这是老师对我以往的认可，同时也是对我未来的期盼。

作为一个妈妈，最大的幸福不是自己拥有什么，给孩子留下了多少物质财富，而是给孩子树立一个遇事会思考的榜样。在老师的引领、帮助下，在逍遥族学员的影响下，如今儿子也能独当一面，服务年营业额10亿的客户，轻松做到日入过万。

在跟随老师学习的800多个日子里，我一直在用行动来表达我对老师和师母的感恩之情，用心服务好每一个相信我们的客户，真心对待同窗的每一个同学，积极参与逍遥族的每一次有意义的活动。

跟你说这些并不是向你炫耀我有多厉害，只是想告诉你，跟对人，学对知识，就可以轻松实现自己的梦想。我可以做到轻松赚钱、潇洒生活，你一定也可以做到。

故事三：60天足不出户，竟然成功发售50万

你敢相信，2022年3月上海新冠疫情期间，我整整60天足不出户，竟然靠一本书成功发售50万。

估计你会觉得不可思议，但这一切都是真的（560多名总裁目睹这一切），而这一次的爆发也让我在后面实现人生的一次次进步，之后一场发售7天进账121万，再到成功帮客户发售实物产品，21天成功发售数百万。

而这一切的蜕变都是我的老师——"中国发售教父"智多星老师带来的，那么接下来我会为你解密，让我人生直接逆风翻盘的50万发售是如何做到的。

在开始之前，请允许我简单介绍下自己。我叫薛名芯，《人脑黑客》作者，曾在老师公司担任首席营销执行官，跟随老师操盘落地多场发售，比如一场短视频产品发售，直接实现700万业绩。而我自己也有15年的成交实战经验，在上市公司的时候曾3天帮助公司成交了3500万。

我将多年对心理学和人脑的研究、15年成交实战经验，还有老师传授的发售技巧，融入我的成交系统中，独创了潜意识成交。因为老师的发售技巧，不仅让我的个人能力有了巨大突破，还帮到了很多迷茫的知识IP、实体老板实现业绩极速增长。

时间回到2023年4月16日，那天我的新书《潜意识成交》快写好了，跑去请教老师应该如何卖得更好？老师说，以我现在的私域流量（8000人），一本书怎么卖也发不了财，一本100元，卖几百本就是极限了。所以，我需要思考的是，如何用新书作为支点，找到发售高价产品的杠杆，这样才有可能把书的价值最大化。那具体怎么做呢？一位美国营销大师曾说过，<u>赚钱最简单的方式，就是把一个已经论证过的赚钱模型，复制到自己的行业。</u>老师直接让我用他曾经成功发售的<u>"有书共读发售模型"</u>，但我当时还是有些担心，毕竟老师的影响力极大，而我没有太大的势能，更没多少流量（微信才8000好友），能成功吗？老师在关键的时刻鼓励了我："名芯，这个模型威力很大，你一定能成功的。"

于是我战战兢兢开启了人生第一场"有书共读发售"，发售总共分为三个阶段。

整个流程一共20天的时间，这个过程中，我只有一个助理远程配合执行落地。

第一阶段：书籍售卖

这个阶段的目标，是把新书《潜意识成交》以99元的价格卖出560本，这样算下来也才5万多，距离50万的发售还有很遥远的距离。

然而发售的核心并不在前端产品，而是以小博大，四两拨千斤，通过卖书过滤出真正想学习成交的精准用户，因为如果用户对成交不感兴趣，那么是不可能花99元去买一本成交的书的。

第二阶段：有书共读

很多人搞来流量之后，就想通过**销售模式**快速转化成后端的高价产品，但是却忘记了成交的5个前提：信任、需求、欲望、有钱和无风险。

所以我们需要在上架产品之前，让用户满足这些条件，共读会的设计就可以实现这一目标。7天一起读书的过程，通过巧妙的布局，让时机变得成熟。

第三阶段：解密发售

到这个时刻，用户已经读完了我的书，已经很有收获了，但是一定对书中很多东西没有吃透，所以这里安排3场解密直播，配合真实的实战案例，让那些跟随我学习两个月就进账10万、30万不等的学员，来做解密分享。

第一天：分享干货+售卖优惠券；

第二天：分享干货+发售私教课；

第三天：分享干货+继续售卖私教。

这三天，发售价格19800元、为期两个月的《潜意识成交》私教班，然后购买优惠券的用户可以抵扣1万元，所以在解密发售期间下单的客户，可以9800元成交。最终一共是34人购买私教班，3人报名弟子班（5万），加上卖书的收入，总共变现超过50万。

当时可以说这场精彩的发售，直接惊动了知识付费圈，让我一举成名。而我也是第一个采用共读发售模型的学生。后面我的很多同窗发售前都会来请教我，他们也通过这个模型成功发售赚到30万、70万甚至100万等。

之前的我很焦虑，因为觉得知识赛道越来越卷，很担心这条路自己走不远。毕竟我要养家照顾女儿，还要照顾妈妈。但是跟随老师学习后，我不仅有能力让女儿去一个月学费上万的优秀私立学校学习，还能过上想收钱就收钱，不想收就旅行游玩的快乐生活。

我们去年去了丽江、大理、泰国等地游山玩水，刚刚又带着女儿从东北回来。是老师让我赚钱有尊严、活得有底气，生活富足又自由。

创业就是修心修性修行的过程，要耐得住寂寞、经得起考验、拒绝得了诱惑，不被欲望绑架。时时保持利他大爱的心，你有多成功不取决于你自己有多优秀，而是取决于有多少人想让你成功。别人为什么想让你成功？因为你心里装着别人，无时无刻不在想着成就他们，你越成功就越能帮到他们。所以，我将持续保持利他发心，带着逍遥族同窗帮助中国创业者崛起的使命，用我15年成交实战经验、150多场发售经验，竭尽所能成就更多人！

　　这3个故事的主人翁都是从0开始学习发售，但是他们无一例外都取得了惊人的成绩，表面上看发售只是让他们赚到了更多的现金，但真正的意义在于"发售"从此改变了他们的生活。因为他们非常明确地知道，不仅自己要掌握这套技术、思维，还要传授给别人。

　　接下来，轮到你了，亲爱的朋友，如果你渴望发售技术进入你的大脑、融入你的血液，让你的生意插上腾飞的翅膀，那么请答应我，继续阅读，新世界的大门正在等着你用双手推开。

3

Chapter

第三章

"发售模式"的行业适用性

不适合做发售的三种行业

粉丝平时在直播间问我最多的问题就是：我是某某行业的，适合做发售吗？

我想说，这个世界95％的行业都适合做发售，只有一些大宗贸易和机械原材料的行业不适合，当然这里还有一个问题需要思考：**发售价值**。

什么意思呢？可以发售和要不要发售，是两个问题。

例如，矿泉水可不可以发售？答案是：可以，但是要不要发售取决于"发售价值"。由于矿泉水是低客单价的、毛利低的透明产品，而且随便哪个便利店都可以买到。那么如果你硬要去发售，很可能浪费了很多力气，最后产出还一般。

发售技术是四两拨千斤的"杠杆"，所以一定要实现一分耕耘十分收获甚至百分收获的效果，才有"发售价值"，否则没有意义。所以你需要思考的是，如何让产品具备"发售价值"。假如同样是矿泉水，但是这个矿泉水是来自广西巴马瑶族自治县长寿村的，并且我会带着这些矿泉水前往寺庙内祈福。这些祈福后的矿泉水限量200瓶，每瓶1000元，那么这样的矿泉水就有了发售价值，200瓶赚20万，那么为什么会有人买？这里就要讲到一个专业名词：**心理账户**。

人类的现金支出，看起来都是从银行账户支出的，但其实在此之前，人类会把银行账户的钱，按不同比例分配到不同的"心理账户"上。例如，一个苹果卖20元，平时你肯定会感觉贵，不会买，但如果到了平安夜，在路边摆个摊子，然后给每个苹果套上一个5毛钱印刷成本的纸盒子，然后卖20元，你猜会如何？

答案显而易见，苹果没有变，但是"心理账户"改变了，平时买苹果是消费账户，而平安夜晚上是"情感账户"。所以你会发现，心理账户是可以设定的，我写的另一本书《发售原理》中有详细提到。改变心理账户的方式，可以让没有发售价值的产品变得有价值，这就是"人脑魔术"，很有意思，在后面的章节中你会学到更多类似的"魔术"。那么还有什么行业不适合做发售呢？

例如，有一位卖瓷砖的老板问我，他的这个产品怎么做发售？

其实这类产品核心问题不在于如何做发售，而是如何截取到刚好准备装修房子的"客户名单"。刚买房子的客户意义不大，因为楼可能还没有交；买了已经住了也不行，人家没有需求。那么剩下的只有刚刚收楼，并且还没有装修的客户是那位老板的目标客户，其他时候都不是。发售的前提是有一些精准的客户名单，发售并不能对空气进行，而你需要刚好拦截到这个时候的用户，难度可想而知。

这类瓷砖公司大部分都是跟渠道搞好关系，装修公司接了订单，去采购瓷砖，所以这是一个面对B端的生意，如果直接面对C端，就要自己解决客户名单问题。而最有效的解决方法，就是跟物业公司搞好关系，在交楼的时候，帮忙打广告做宣传。单论寻找客户的成本，只有一个卖瓷砖的公司去弄是不现实的，所以现在几乎都是整装公司在做这个事情。从某种意义上来说，获得稳定客户难度大，寻找客户成本高的行业不适合做发售。

直播间还经常有人问直销产品能做发售吗？保险能做发售吗？

答案是：能。但是这里有个矛盾，就是一旦你真的用发售技术成功发售了直销产品或者保险产品，那么你一定会改行，为什么？

因为对于直销产品、保险产品，你是没有价格主导权的，你是一个代理商，你的提成很有限，而且直销是多级分成体系，看起来有躺赚的可能，但其实直推能拿到的利润是有限的，所以一旦你学会了发售，一定会选择一个有定价权并且可以进行包装的产品，而不是别人的，这样自己的利润高，可控性强。而你代理的产品，品牌永远是别人的。

总结一下，不适合发售的行业一共有3种。

行业一：发售产品价值低的行业；

行业二：获得稳定客户难度大的行业；

行业三：没有价格、包装主导权的行业。

当然，世事无绝对，我要教你的是发售技术，只要不违法，不伤天害理，你发售什么其实我并不干涉，毕竟每个人对于发售价值的判断，以及个人所处阶段不一样，选择自然也不同。学费终归是要自己交的，路还是要自己走的。

六种一定要用"发售模式"经营的行业

其实在很多人过去的认知中，根本就没有"发售"这两个字，下意识的就是"销售"，但其实发售离我们并不遥远。例如"电影"就是天生用发售模式经营的生意，从电影开拍到最终上映其实就是一套完整的流程，由于时间线比较长，所以没有太多人思考过其背后的运作逻辑。只是在不知不觉中，大脑中多了一个"我要看这个电影"的念头，但电影上映之前，你对某部电影的期待感，是被人为引发的，这就是发售的魅力。试想一下，如果在你的产品未上架之前，就有一批人渴望拥有，那么会如何呢？

答案是大卖。

怎么做到，我会在第五章为你详细讲解，现在还是让我们回到当下，聊聊哪些行业适合用发售模式来经营。下面我罗列了6种行业，我认为这些行业最完美的运营模式就是"发售模式"。

第一类：培训行业

线上知识付费、线下培训、课外辅导、商业总裁班、夏令营等，只要是把某种经验变成课程产品，然后卖给他人的形式，都属于"培训行业"，而这类行业天生就应该用"发售模式"来经营。

当然，现在市面上主流的公司，还是用人工来运营，大部分都是通过做IP或者投放的方式获得"客户名单"，然后分配给销售员。如果有100个销售员，那么每天最少需要1000—2000个流量进线，随后销售员一对一聊天，说服式成交一个前端产品，然后再升单。

这么做有什么不妥吗？

其实不管是选择用"销售模式"经营公司，还是用"发售模式"经营公司，一直以来都不是对不对的问题，而是"选择"和"效率"的问题。选择是指你决定选择哪种生活方式，效率是指哪个"杠杆"更轻松，利润更高。

选择销售模式会让你一直很紧张、很累，像一个机器一样，没有时间休息，只有赚钱，没有生活。为什么会这样？结构决定的。试想一下，100个销售员，每天要有稳定的流量供给，否则就会有人闲置。那么每天必须创造引流的内容，或者花钱投放。一家用销售模式驱动的公司，最开始的启动是最难的，因为你没有足够资金，而一开始就要建立结构化的组织架构，如引流部、销售部、产品部等。还没有跑通盈利模型的时候，你的创业资金就已经消耗殆尽。除此之外，如果想要营业额上升，就意味着在流量上升的同时，要招募相应的销售员。这就好比先有鸡还是先有蛋的逻辑，这样的结构公司大概率是运营成本先消耗付出、利益后置。

公司最重要的部门看起来是销售部，其实优先于他们的是HR部门。因为无论怎么培养销售员，其中最少80％的人是平庸的，任何一家销售型公司80％的业绩，一定来自那另外20％不到的精英。所以，销售部门每个月要淘汰业绩不合格的员工，并且需要持续不断招募补充新员工。那么不难发现，这个时候管理成本就提升了，你需要有中层管理者来帮你维持，而这个时候"派系"就自然产生，内部博弈也随之产生，正所谓有人的地方就有江湖。所以你是否发现创业成功率低的核心原因？是你在这条路上要面对的钩心斗角太多。很多老板以为，只要公司体系搭建好，就有时间陪家人旅游了，但是回头一看自己被公司捆绑得太死。那么发售模式就没有这些问题吗？

答案是完全没有。

因为发售一个人就可以干，所以你一开始做培训的时候，就不需要搭建庞大的组织体系。一人吃饱，全家不饿，你也不需要为流量的不稳定而焦虑，因为你没有销售员，那么其他问题当然就没有了。如果你非要问发售模式有什么缺点，那确实有一个，就是你必须接受阶段性进账。

选择发售模式运营公司不是每天都能进账的，因为发售赚钱都是通过流程而不是销售员，但是一次进账可以抵销售型公司一年的营业额。例如2023年我一共就做了两场发售，也就是说除了这两场发售有收入之外，我的公司其他时间都是没有收入的，但这两场的收入超过同类公司200名销售员业绩的总和，而我的公司只有6个人。这就是杠杆的魅力，6个人抵得过200个人的业绩规模。

不难看出，选择发售模式运营公司，并且能够耐得住"阶段性进账"寂寞的前提就是公司人少。一旦人多，你就想给他们找事情做，并且人多开支就大，所以你自然就会渴望"每日进账"，而每日进账的方式只有一个，就是"天天卖"。发售模式则是大部分时间不卖东西，在某一个时间限时限量卖。相信你应该从这段分享中听出了一些门道。

这里分享一些我们学员用发售做的培训行业。

1. 文案培训；

2. 心理学培训；

3. 禅修培训；

4. 易学培训；

5. 魔方培训；

6. 记忆学培训；

7. 情感培训；

8. 家庭教育培训；

9. 个人品牌打造培训；

10. 魔术教学培训；

11. 气球达人培训；

12. 金钱关系培训；

13. 医疗培训；

14. 网赚培训；

15. 摄影培训；

16.AI技术培训；

17.国学教育培训；

18.营销培训；

19.书法培训；

20.读心术培训；

21.王阳明心学培训；

22.抖音自媒体培训；

23.私域运营培训；

24.形象穿搭培训。

还有很多，我就不一一列举了。总之，培训行业是超级个体林立的行业，用发售模式创业也是这类行业最"反脆弱"的模式，没有之一。我从2014年开始做自媒体，卖课程到今天已经8年了，我曾经的同行都已经转行做别的工作，而我却可以跨越周期活下来，我和他们有三点核心的不同。

第一，我不断累计自己的私域名单；

第二，我用的是发售模式，公司一直很小；

第三，我总在一个行业没落前就先退出。

第二类：电影行业

电影行业非常特殊，因为电影筹备周期特别长，投资特别大，而售卖周期特别短，所以导致这个行业必须要在上映的1—3个月内快速回收成本，否则就会面临亏本。那么电影就绝对不能等到上映时再宣传，因为那样就已经晚了。所以人们大脑中想看某部电影的念头是被人为植入的，特别是在预告片和影视号提前铺垫的时候，想看的程度达到了顶峰。现在电影票平台多了一个"预约·想看"的功能，这里的数据，就可以直接检测出上映之前的发售动作是否有效。

电影行业不是每天进账，而是周期性进账，没有任何一个电影公司的销售员向你推销电影票，电影票都是消费者被吸引后自愿购买的。这套模式后来被乔布斯用了手机行业，可以说互联网商业时代，乔布斯就是个人IP+发售模式的引领者。国内的雷军、罗永浩、董明珠等商业大佬都在使用这套模式，为什么？因为效率高。

2023年，一个全新的产业火了，即爽剧行业，可以说这个产业的火爆，直接救活了国内因为新冠肺炎疫情而低迷的影视行业。爽剧一分钟一集，30秒一个高潮，前面十几集免费看，后面的需要付费购买。通常来说比去电影院看一场电影还要贵，可目前为止我还是花了3000多元在这些短篇爽剧上。为什么要提这个事情呢？

因为这个行业目前还处在野蛮生长的阶段，里面有很多商机。重点是现在爽剧的推广，纯粹靠的是"投放"模式，而不是发售模式，所以这里有很多升级的空间。目前这个行业面临盗版问题，而发售模式可以解决这个问题。

第三类：房地产行业

房地产行业其实跟电影行业很像，周期长，投资大。20世纪90年代的时候还可以卖楼花（房屋预售许可证），可以用效果图先收钱，然后用收来的钱去盖楼，依次循环。但是现在国家规定不同了，盖楼超过7层后，才能拿到售楼证。这样就导致房企都渴望快速回笼资金，必须在楼盘开售前就宣传、造势，然后一开盘就卖出大部分房子才能生存下去。所以房地产行业必须用发售模式，否则难以支撑。当然，现在的房地产公司也动用了类似发售的流程，但是目前看来都不够高明和严谨。

大部分房地产公司都是依靠中介公司通过铺天盖地的电话销售来做预约，没有自己的核心发售手段，这里有很多可以升级的空间。

第四类：书籍行业

可以说，书是每一个想长久耕耘知识付费赛道的老师必不可少的核心道具，但是传统书籍出版有着重大缺陷。

第一，出版周期长

一本书从写完到获得书号、排版校对、设计印刷，再到上架估计5个月的时间过去了。

第二，平台不推普通作者

如果你没有大名气，那么你的书上架也只是上架，要想有销量只能靠自己推广流量到平台购买，这个行为叫"打榜"，而打榜这个行为实际上作者除了能获得销量数字之外，并不赚钱，本质上是亏钱的。

第三，赚得太少

一本书在平台卖出，作者只能赚5元左右。也就是说，如果你要赚50万，就要卖出10万本，这对于普通的作者来说，简直就是天方夜谭。那么有没有办法，出版周期短，并且卖的少，赚的多呢？

答案是有的。

2022年3月，我发明了一种全新的发售模型解决了这个问题。这个模型叫"有书共读发售模型"，这个模型不需要依靠平台，出版时间可以缩短到2个月，卖1000本就可以赚100万。

这样的发售我们这两年已经做了100多场，每场所赚的钱几乎没有太大偏差，怎么做到的呢？我们并不是每本书卖1000元，然后卖1000本赚100万，而是通过发售流程，形成前后端的组合策略。试想一下传统的出版销售方式，要想实现100万的收入，得卖20万册。可以说就是超级大IP、大明星出一本书，也未必有信心能卖到这个数量，那么具体如何做呢？

其实说起来并不困难，就是写一本书，然后通过对这本书的预告和发起封面样式投票，来获得用户注意力，再通过销售信和直播间的形式卖书。假如卖了500本，发完货等用户收货后统一开启共读（一般5—7天），之后开3场私密直播解密，在直播解密中成交后端高价产品。这里需要注意的是，成交后端产品建议9800

元起步，我自己设定39800元起步，我的学员大部分在19800—49800元之间。千万不要卖便宜，一旦卖便宜，这个模型的效果就没法真正发挥出来。

逻辑大概就是这样，我用这个模型几乎每场都能实现8位数收入，而我的学员收入几乎都在20万—100万之间，显然这个模型"威力"巨大。

第五类：拍卖行业

古董、字画、珠宝等拍卖行业，他们做的是非标品、非量产、非统一价格的产品，所以他们需要集中高净值客户，然后通过一场拍卖会来实现成交。而通过预告聚集精准用户到线下，再完成拍卖的过程，其实就是一套发售流程。

第一步：设定拍卖会主题；

第二步：发放邀请函+图册；

第三步：线下预展；

第四步：正式拍卖。

当然，实际的拍卖行业发售流程是千变万化的，真实的操作细节很多，这里只是一个框架，以便读者理解。拍卖行业天生就适合用发售模式，公司人员不多，但是销售额巨大。

第六类：消耗品行业

消耗品行业也非常适合做发售，因为产品会消耗且出新速度快。

消耗会带来复购，客户终身价值大，而出新可以让老客户变成新客户，营销成本低。当然，并不是所有的消耗品都有发售价值，这个需要读者根据我前面分享的内容自行判断。下面我列举几个非常适合发售的消耗品行业。

1.服装行业；

2.护肤品行业；

3.化妆品行业；

4.红酒、白酒行业。

当然还有很多，这里不一一列举了。我想说的是，最好是非标品，并且有溢价空间的消耗品，这样发售价值才大。重点是把客户变成粉丝，这样你会越做越值钱，发售规模也会像雪球一样变大。

接下来，在正式学习发售技术之前，你需要解决客户名单问题（流量），而获取流量其实并不困难。从某种意义上来说，你缺的不是流量，而是获取流量的思维。

Chapter

第四章

建立优质的客户名单，是成功
发售的第一步

你缺的不是流量，而是获取流量的思维

在发售之前，你必须先解决一个问题，那就是"潜在客户名单"，也就是流量如何获取。如果没有，那你的发售就无从谈起。发售技术固然非常厉害，但这并不意味着你可以凭空发售你的产品。那么如何获取呢？

本章为你提供了一些有效的策略和思路，其实很多人的生意之所以不好，或者说业绩提升不上去，大部分原因是没有办法获得足够多的流量。我做自媒体已经8年的时间，接触过很多老板，我深刻发现，大部分人不是缺流量，缺的是获取流量的思维。由于对流量的认知不够深刻，很多人绕开了最重要的事情，每天花大量的时间去解决流量以外的问题，最终没有解决根本问题。打个比方，一家实体店最重要的工作是什么？有人说是产品、款式、服务、品质等，看起来都很重要，但其实最重要的是把每个进过店的人都加到微信里，这个权重大于一切。

以下我将通过4个部分的分享，来给你建立一个更加深刻的认知，请认真查收。

1.你要的是精准流量，不是泛流量

很多人对流量的认知是非常错误的，认为只要加到微信里的人就是粉丝。什么是粉丝？粉丝是对你有认知并且欣赏你的人。

所以精准流量就等于有认知的粉丝，你发售的时候流量越精准，效果越好。

现在就应停止做获取泛流量的行为，如营销手机加人、换群加人、手机号码加人等无效行为。那么如何获取精准流量呢？

2.流量由内容产生

获取流量的前提，是我们要知道流量是如何产生的？

答案很简单，流量由内容产生。试想一下，如果抖音没有内容，你会打开一个空壳App吗？如果淘宝上没有商品，你会打开它吗？当然不会。发现没有，你去到任何一个地方，是因为那个地方有你想要的"内容"，所以内容创造流量。

3.定向内容，定向流量

当我们明白了内容创造流量这个底层逻辑后，那么获取精准流量就容易了，就是通过定向内容来定向我们想要的流量。定向内容，指有指向性的内容；定向流量，就是锁定我们想要的流量。

- 我们想要宝妈粉丝，应该讲什么样的内容？

- 我们需要学文案的粉丝，应该讲什么内容？

- 我们需要学记忆学的人，应该讲什么内容？

- 你是做电商的，能去讲微商的内容吗？

- 你是卖婴儿车的，能去讲红酒的内容吗？

……

你只需要去锁定你的用户，反向思考你要的是什么用户，他们想要什么内容。

4.你需要一个稳定的流量管道

我在建立名单上是吃过亏的。早年间获取流量是很容易的，你要知道2015年到2017年这3年，在互联网上获取流量简直就是探囊取物。但是我就是没有听老人言，结果吃亏在眼前。

当年获取名单很容易，再加上我的营销技术很厉害，所以我就有一种盲目的自信，这种盲目的自信是什么呢？

"流量获取太简单了！我干吗要每天获取呢？"反正我要流量的时候打一个响指流量就来了，那我就没有必要每天去获取流量。

那个时候我写篇文章一个晚上就可以加1000人，然后我随便搞一个裂变活动加几千人太容易了，所以那个时候我就没有拼命搞流量。

后来我认识杰夫·沃克，他提倡要每天持续获取名单。他之所以厉害，是因为他持续做获取名单这件事26年。

过去26年他拼命获取名单，每天不间断。这是他厉害的地方，如果我从2015年到现在每天不断获取名单，我估计现在我至少有几百万的粉丝。如果我现在有几百万的私域，那赚钱会更简单。

这就是我犯的错误，我不希望你未来也像我一样。我现在每天持续获取名单，有的时候一天100多个，多的时候300多个，不间断。

你一定要每天稳定地获取粉丝，一定要定个目标，如每天获取30个精准粉丝。如果能力变强了，每天能获取100个粉丝。要给自己定一个新目标，累计叠加的力量大于一切。一定要建立叠加的意识，一天获取30个，一个月就有1000个，一年就有1万个粉丝。

所以，一定要记住叠加的力量。以上所说的秘诀听起来很愚蠢，但确实是建立粉丝名单的不变真理。现在你要打造的是你的私域资产，你要把你的私域流量变成不动产，成为你终身收租的渠道。

获取名单最有效的 4 种策略

一、内容引流

写文章、拍短视频、做直播输出目标客户需要的内容，然后投放到各大自媒体平台，这种就属于内容引流。这种引流方式需要你做到以下几点。

1.内容选题能力；

2.内容创作能力；

3.持续输出能力。

然后你要学会留悬念、留钩子，把人从不同的公域自媒体平台导入你的私域中。

这个策略是目前互联网各类知识IP都在做的，只是影响力大小的问题，只要你坚持做，引流会比较稳定，而且不需要现金成本，核心是你的时间成本和脑力成本。

二、投放引流

这种引流方式就是游戏中的"氪金玩家"。抖音、微信、微博、小红书、哔哩哔哩等平台都会有广告投放业务，只要你的业务是合法的，就可以通过钱来买流量。一般来说，平台发展初期，投放的人少，你的成本会很低，而且效果好、量大；随着平台的发展成熟，抢肉吃的人就多了，成本自然就会提升。所以投放引流考验的是你的现金实力和运营能力。

由于是现金买流量，所以必然追求快速回报，否则就不可持续。大部分"玩家"都是买流量，快速分配给销售，然后销售员需要在7天之内快速转化这些流量，需要计算ROI（投入产出比）。

ROI在不同行业中算法不一样，一般直播间投放算的是单日ROI，而如果是买流量做私域直营，一般计算的是7天ROI或者14天ROI。总之，投放引流要配套销售团队，以及标准的运营系统。

三、借力引流

借力是一种"杠杆思维"，就是借别人的流量为自己所用。怎么做呢？这里我分享两种常用的策略。

1.同群异类

我们拥有同样的客户群体，但是我们销售的是不同的产品。比如卖篮球、篮球服、篮球鞋这三家不同的店，他们卖的产品类目不一样，但用户都是喜欢打篮球的。再比如学发售的、学文案的、学营销的基本上也是同一类人群。

我教发售，一般我的客户都在学文案、学个人IP课程和学营销的群里，这些群都是我的核心用户聚集的地方，我只需要花钱把这些客户借力到我这里即可。

2.前置链条

前置链条就是买这个东西之前还要买什么？学这个课程之前还要学什么？或者说我教你做短视频拍摄、做直播，我的客户都在哪里呢？比如买直播声卡、手机支架和拍摄手机平衡器这些东西的人，就有可能是我的客户。

如果你是卖儿童婴儿车的，你的客户在哪里呢？你的客户在卖尿不湿、卖奶粉的商家那里。要买儿童婴儿车之前要先买奶粉和尿不湿，因为它们是你的前置产品，所以这叫前置链条。

前置链条就是买你这个东西之前还要买什么，你到前面去截流就行了。借力有两种方式。

一种是价值互换。你有1万个私域，对方也有1万个私域，那么你们可以通过互推的方式交换流量，这样每个人都可以多1万个流量。

另一种是现金开路。如果你没有筹码，那么就只能用现金开路了。相信我，没有人可以抗拒一个大方的朋友。

从某种意义上来说，没有太多资源的老师如果想快速起步，获得影响力和现金，最佳的方式就是借力。借力有能量的人就是坐飞机，自己慢慢引流那就是骑自行车。

四、裂变引流

裂变引流是我最喜欢也最擅长的策略。2017年我做过一场超大规模的发售，130多人裂变了100万人，成交1800万，用的就是裂变引流。这100万人是通过无数个社群裂变起来的，当时忘记把群里的人都加过来。

如果你没有很好的内容能力，没有现金，也不太懂社交，那么你剩下的唯一一条路就是裂变引流。裂变的核心都是利益驱动，但是纯"现金"驱动只适合中低端人群，高端用户不会为了省钱或者赚钱而行动，那怎么办？这里我给出一个终极裂变驱动关键词：意义、身份和好处。至于怎么理解，需要你自己感悟。

移动互联网诞生以来，最流行且沿用到现在的核心裂变方式也无非3种：任务裂变、社群裂变和砍价裂变。

2023年，我发明了一种全新的裂变方式，叫"挑战裂变"。与之相配套的，我设计了一套系统叫"天启系统"，威力巨大，可以说是我过去8年里创造的最具划时代意义的裂变系统。

这个系统一旦开启，可以每天稳定地给我供应500个精准付费用户，而我要做的只是躺在沙发上看书。我喜欢偷懒，所以我总是绞尽脑汁开发一些可以让我更加轻松的工具。

这也是为什么我在发售界独树一帜的核心。因为我是一名魔术师，也是一名程序员，更是一位人性编码大师，所以我的发售流程总是变化莫测，但又引人好奇。

这个系统暂时还未对外发布，或许在这本书上市的时候，读者就能见到，敬请期待！

要想办法获取流量的最大价值

很多人每天都在找新流量，但是却忘记手里的老流量，这是极其不明智的。营销的目的是成交，而成交的目的是获得客户的终身价值，所以与其天天花钱买新流量，还不如回过头来思考一下如何把老客户变成新客户，卖更多次。

有人会说，我的产品一个用户一年只买一次，没有办法再卖第二次怎么办？答案很简单，开发一个新产品卖给他。任何一个老客户，在一个新产品面前他都是"新客户"。老客户对你有信任了，你就不用再花额外的广告费。那如何开发新产品？

不是乱开发，而是基于客户的人群画像，研究完他们的梦想路径后去开发新产品。用户购买一个产品是为了实现一个梦想，而你的产品只是实现他梦想的一环，那么还有什么是他需要的？

这个时代千万不要陷入产品思维，而要有用户思维。用户的梦想和终身价值是你的目标而不是你的产品，不要让产品、行业限制了你的边界。

关于引流方法的更多细节，可以去看我的另一本书《脉冲式发售》，里面有比较详细的操作方式。

Chapter

第五章

翻页式销售信，发售公式的起源

一封 350 个字的销售信，赚取 1.78 亿美元

跟你透露一个小秘密，其实我的"直复式营销"技术源于三位老师，他们的绝技之一就是"销售信"。下面这幅画是我的作品，名为《传承》。

图片中的这几位重要人物，我一定要介绍一下：

第一位是克劳德·霍普金斯（销售信发明人）；

第二位是盖瑞·亥尔波特（销售信鬼才）；

第三位是刘克亚（中国营销教父）；

第四位就是我。

在100多年前，人们卖东西靠的是陌生拜访式销售，也就是销售员背着产品，挨家挨户敲门，可想而知这种成交方式的效率是非常低的。然而，有一个天才广告人，发明了一种全新的成交方式，不用大量销售员，坐在家里就可以把产品卖出去，这个人就是克劳德·霍普金斯，被称为现代广告之父，也是销售信的发明人，那么他是如何做的呢？

他用特定的文案结构写好一封信后，批量印刷，然后用信封邮寄给潜在客户，客户看完信后如果要购买此产品，写一张支票邮寄回来即可，在美国这种方式也叫"直邮模式"。

100多年前，他通过一封销售信卖出了25万台吸尘器，从此"销售信"一举成名。你要知道，吸尘器在那个年代是非常不普及的产品，但即便如此，他依然通过销售信把它卖给了素未谋面的客户，可见效果之卓越。

盖瑞·亥尔波特被称为销售信天才中的天才，曾经通过一封350个字的销售信，赚取到1.78亿美元，后来他把这封信的所有权卖给了一家公司，赚取了7000万美元！

以下是这封传奇之作。

亲爱的麦克多先生：

你知道吗？远在700多年前，你家族的姓氏就在黑落狄档案中，以盾形徽章的形式有过记载。

我在帮助一位和你同姓的朋友做家族历史调查的时候，发现了这一事实。我们聘请了一位艺术家，严格按照古代记录中的描述，绘出了你们家族的盾形徽章。

这幅图，还有关于你姓氏的其他信息，被印制成了一页纸的精美报告。这份报告的下半部，记录了你家族姓氏的悠久又杰出的历史故事。其中包括你家族的姓氏含义、起源、最早的家族格言、在历史中的地位，还有你们家族的历史名人。

报告的上半部则是一幅你们家族的巨大盾形徽章，整份报告经过确认真实后，被印制在一张牛皮纸上，便于加框后悬挂。

我们的朋友非常喜欢这份报告，所以我们就多做了几份，以便与其他同姓的人分享。加框后，这些报告不仅可以作为精美的墙上饰物，而且是送给亲朋好友的最佳礼物。

需要说明的是，我们并没有追溯你的具体家谱，而是对几百年前你的姓氏历史进行了调查。我们只需要你付给我们在制作和邮寄这些报告过程中所产生的额外成本（具体见下面）。

如果你有兴趣，请立即通知我们，因为我们的库存非常有限。你只要确认你的邮件地址和姓名是正确的，然后根据你需要报告的数量，将相应的款项以现金或支票的形式寄给我便可。

收到你的汇款后，我们将立即为你寄出报告。

你忠实的盖瑞·亥尔波特

特别提醒：如果你需要一份报告，请寄两美元。额外的报告，如果是同时发往同一地址，每份增加一美元即可。支票的收款人请写上我的名字，也就是盖瑞·亥尔波特。

或许你正在好奇，这么一封信就可以赚1.78亿美元。这里的成功有三个核心秘密。

一、时代特性

盖瑞所在的那个时代，是营销没有过度的时代，所以直邮发信卖东西非常管用。

二、人性拿捏

首先，你会发现这封信的写作手法是"漫不经心"的，因为我原本没有要卖东西，只是给朋友整理的时候，多做了几张，而刚好跟你一样的姓氏，也没有多少张，我只是顺便把这个信息发给你，然后核心来了，这里不得不佩服盖瑞·亥尔波特对人性的洞察力。

人类穷极一生大部分都是为了自我证明。例如，你姓"孔"，然后你也没有什么特别的优越感，但如果有一天，你爸爸拿出一本族谱，先告诉你一个"孔"姓的来源，然后再打开族谱告诉你，你是"孔子"的第多少代后人，试问那一刻你的大脑会如何呢？

三、用户基数

2美元能卖出1.78亿美元，那就意味着要卖出80多万份报告，这是怎么做到的？答案很简单，那就是给不同的姓氏设计不同的徽章，写不同的来历报告，然后邮寄给不同姓氏的用户。

例如，中国姓"曹"的人，信的开头就是"亲爱的曹先生"，然后邮寄给姓曹的用户。

以此类推，每个姓氏的用户都发一遍，理论上成年人都是你的潜在客户，放之四海而皆准，当时盖瑞请了30个人每天帮他整理支票订单，然后存到他的银行账户里。

后来，一位来自中国的天才漂洋过海来到美国，几经波折拜入盖瑞·亥尔波特门下，贴身学习，并且把这一绝技带回中国，那个人就是我的老师"中国营销教父刘克亚"。可以说，没有我的老师，销售信是不可能在中国营销圈里那么火爆的。我的老师还给出了写销售信的"五步方程式"，也就是大家现在熟知的AITDA模型，这个公式非常重要，因为发售流程的底层逻辑离不开这个公式。

抓注意力（A）、激发兴趣（I）、建立信任（T）、勾起欲望（D）、促进行动（A）。

赚钱的销售信，都是按照这个框架去写的，这5个步骤其实是一个线性的心理推进流程，用户随着看信的深入逐步就产生了购买欲望，进而产生购买行为。

下面这个案例文字过多，这部分如果需要理解，请您扫码获取对应案例电子版。

AITDA的流程是非常科学的，写信卖东西不是碰运气，而是依靠一套缜密的心理布局，而这个思维就是多米诺思维。

一旦你掌握了这个思维的精髓部分，那么无论演讲、直播，还是做发售，都会事半功倍。

翻页式销售信，发售公式正式诞生

随着时代的发展，长篇的传统销售信也开始暴露出一些缺点，特别是在2018年，抖音短视频崛起。人们注意力被分散的同时，也变得非常浮躁，短视频让很多人感觉别人的生活似乎都很美好，进而自己也想让生活快速变得美好起来。这个时候，让人们静下心来去看长篇文章无疑是非常困难的。我总结了一下，一共有3个缺点。

缺点一：信件太长

因为要一封信搞定潜在客户，看完就付钱，那么必然要写的内容比较多，所以自然就会变成长文，而现在很少有人在没有铺垫的情况下，有耐心看完一封万字的信件。

缺点二：暴露意图

以前信件，是真的邮寄，所以人们不会直接翻到最后一页，所以等翻到最后一页，发现是卖东西的时候，用户的购买企图也已经建立。但是现在的信是在手机里看，用户一拉就到最后，看见付款二维码或者产品链接，就知道你这封信是要成交他，那么他面对你时，会带着防御心理，成交难度就提升了。

缺点三：没有铺垫

以前的销售信，都是通过邮寄，现在是报纸刊登或者百度竞价投放来实现触达成交，所以在你看到这封信前，是没有任何铺垫的。

那么现在互联网时代，如何继承和发展销售信这样威力巨大的工具呢？有一个聪明人找出了一条路，他就是美国营销大师杰夫·沃克，他提出了"翻页式销售信"，2018年我飞往美国与他学习。

回来后，我把AITDA的公式与成交的4个前提，还有翻页式销售信的思维，浓缩成了一套可复制的"发售公式"，如下图所示。我用这套公式策划了几十场发售，百试百灵。

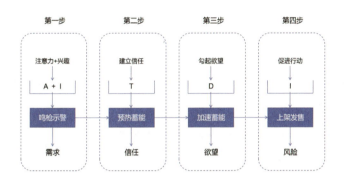

其实世界上任何成交，用户都需要具备5个前提。

1.有需求；

2.信任你；

3.欲望强；

4.没风险；

5.要有钱。

前面4个是用户的心理前提，而有没有钱是物理前提，很多人认为用户有需求，有信任就会成交，其实大错特错。真正最终决定成交的是欲望和风险，那么传统销售是如何解决这些问题的呢？

一对一的聊天需要大量的销售员，而我们公司只有6个人且没有销售员，那么怎么卖东西呢？发售依靠"流程"，而不是销售员，而上面图片中的发售公式就是一个流程图。

这个流程的启发，就来自"翻页式销售信"，把传统一封信内的5步打横，然后拆成4个步骤，每次只发一封给客户，等用户反馈后再发下一封，这样每一封都很短且容易阅读。用户一开始感知不到成交意图，只有等到第四步的时候才会发现有产品要卖，但这个时候，用户内心的需求已经激发、信任已经建立，这标志着铺垫完成。

不难看出"翻页式销售信"完美解决了传统销售信的缺点，当然这也是因为在互联网时代，信息沟通、互动反馈几乎没有成本，而在互联网沟通工具出现之前，一封信成交对方确实是最佳的。

下面将逐步分析一下发售公式为何能帮助我们实现群体成交。

第一步：鸣枪示警，让有需求的人先举手。

由于发售是同时面对大量用户名单，所以不可能挨个去聊天，或者去看对方的朋友圈来了解对方是否有需求。从本质上来说，传统销售员每天浪费了大量的时间在没有需求的人身上，以为这些人有需求，硬给他们推销，结果浪费了大量的时间。

发售是通过流程解决问题，用的方式是"举手法"，就是给对方发一个信息（私信、文章、短视频都可以），对方如果看完并且响应（也就是举手的人），那么可以确定对方一定有需求。

这一步在发售中叫"鸣枪示警"，核心是通过展示一个全新的机会，来抓住用户的注意力，并激发用户对这个全新机会的兴趣，留下悬念，然后让用户用响应来换取关于这个机会的更多信息。

这个时候，用户并没有感觉到你强烈的成交意图。

第二步：预热蓄能，让客户信任你说的是真的。

由于你在第一步通过展示机会来锁定有需求用户的"注意力"，接下来我们需要让用户相信我们说的机会，这个可以改变他人生的机会是真的，千真万确，而且这个机会他可以获得。

这一步的核心是建立信任，而建立信任的核心元素有故事、背书、事实、专业、身份等，你需要在第二步分享价值的同时，通过"侧面展示"的方式，让用户感受到你的权威感。

分享这个机会所成立的框架、原理、逻辑，有助于你在这一步获得良好的客户信任基础，后面的成交会更加顺利。

第三步：加速蓄能，让用户渴望拥有你的产品。

人是被欲望所裹挟的动物，人之所以会消费某个产品、课程、服务，其实都是因为有一个痛苦没有被去除，有一个梦想没有实现，所以第三步的核心就是勾起欲望。那么如何勾起呢？其实是有具体手法的。

1.自我见证；

2.客户见证；

3.描绘蓝图；

4.子弹头；

5.动力窗。

当然这5个技术手段的核心，都是为了在用户购买之前，先在他们的大脑中呈现"成交之后的世界"，一个他们渴望的世界。一旦成功，那么你放出产品链接的那一刻，他们会毫不犹豫地购买。

第四步：上架发售，是时候让用户下单购买了。

一切都准备好了，是时候上架产品了。在产品上架之前，用户不知道多少钱，产品放出时是可以直接购买的。但是，**当你的产品随时随地都可以购买的时候，用户就一定不会立刻购买。**

所以，发售的产品永远是限时限量的，这也是为什么发售可以在短时间内爆发惊人威力的核心。可到了第四步用户就一定会购买吗？当然不是，我们还需要解决用户心中的"风险问题"。即便用户有需求，信任你，并且渴望改变的愿望强烈，但是如果成交有风险，用户也会犹豫不决。

所以，你需要在成交的这一步，在上架产品之前，继续放大用户的欲望，再加上零风险承诺和一个无法拒绝的行动主张，接下来，你就会收获大量订单。

产品的完整发售思路

在分享之前，我需要提醒你的是，多米诺的连环布局思维是发售核心，这个思维具体应用到什么平台，利用工具实现发售都只是术的呈现形式而已。

在不同行业或者不同时代发售时，不一定都是用信，信其实是一个代名词，因为发售是千变万化的。例如，你可以用微信群发实现"鸣枪示警"，而第二步是把一群响应举手的人汇聚在一个社群内，然后通过互动贡献有价值的分享来建立信任，最后在直播间拉升购买欲望，并实现上架产品成交。

形式、工具变了，但是底层发售逻辑没有变。我说这些，是因为我不希望大家陷入一种刻板思维。为此，我在后面的章节中给读者准备了几套不同发售形式的模型，相信读者会从中得到感悟。以下将继续详细展开完整的发售思路。

第一步：鸣枪示警

这里你需要记住鸣枪示警的核心：引发关注，但是不做销售，同时暗示有一个很酷、很新的东西（机会）即将出现。

有了这封信后，你需要把它"触达"到你的潜在客户面前，然后给响应的人"打上标签"，因为这群人是真正有需求的用户。

第二步：预热蓄能

这里你需要记住"预热蓄能"的核心：说明机会可行的逻辑、框架、原理，让用户相信转变可行。

上一步鸣枪示警的销售信件的结尾一般都会有一个"响应"指令，如回复"666"，就会获得什么。这种响应其实就是在课堂上"举手"的动作，就好像你刚刚上大学，班主任上课做调查的时候说："谁是安徽人？请举手！"为什么要让对产品感兴趣的人先举手呢？

我前面说到过，用户是否购买你的产品，至少需要满足下面5个条件。

1.有需求；

2.信任你；

3.欲望强；

4.没风险；

5.要有钱。

而"先举手"这个行为，其实就是让有需求的用户先暴露出来。假如你朋友圈有5000个好友，你要如何知道哪些人是做微商的，哪些人是做电商的，哪些人是做实体企业的呢？

如果一个个去看、去聊，你可能会累趴下。所以最好的方式是让他们自己主动告诉你，怎么做呢？

非常简单，在朋友圈发一段文案和一个群二维码即可，内容如下。

昨天半夜像往常一样，睡觉前看一下直通车后台，无意中发现了一个快速提分的漏洞，连夜测试了几次，非常有效，今晚我决定做一个内部分享，想学习的，扫码入群！（仅限200个名额）

如果你看到这段文案，并且愿意入群，那么你大概率是"电商人"，因为只有开淘宝的人才需要学习直通车提分技术。而微商人和实体老板可能不知道"直通车"是什么。

让用户主动"先举手"的技术有很多，这里就不一一讲解了，我说这些的目的是想告诉你，发售公式的流程之所以这么设计，是因为**"发售公式导图"是一种新板式**。

每个步骤分别对应上面说的前4个条件。

1.鸣枪示警：通过展示一个全新的机会，过滤出有需求的人；

2.预热蓄能：通过展示转变的框架和方法，取得用户的信任；

3.加速蓄能：通过描绘并展示拥有的感觉，提升用户的购买欲；

4.脉冲发售：通过稀缺性、紧迫感，再加上零风险承诺，让用户感觉没有风险并快速下单。

而之前所说的5个条件中，我们无法解决"用户没有钱"的问题，这也是你无法成交所有人的核心原因。对于没有钱购买你产品的客户，千万不要让他去刷信用卡或者贷款。你要永远记住，这世界上不是什么钱都要赚的，要保持"弱水三千只取一瓢"的心态，这样你的生意才能长长久久。

那么如何建立信任呢？

在发售的过程中，信任可以分两个维度来理解：第一个维度是让用户信任你，第二个维度是让用户信任你说的机会是真的。

我们在"鸣枪示警"阶段，释放了一个全新的机会（可以铲除他某一痛苦，实现某一梦想的机会），抓住了用户的注意力，并且激发了他浓厚的兴趣。为此，他响应了你的要求，但他还是没有完全相信，因为你所说的"机会"可能有点颠覆他的认知。所以，在"预热蓄能"阶段，需要展示**转变的框架或者方法**，来让用户获得"**认知上的确定感**"。让他们的大脑产生"**哦，原来是这样，我明白了**"的想法，为什么这样很重要呢？

因为用户即便对你讲的东西非常感兴趣，但是如果他不明白实现的逻辑，他也不敢购买，认为那样意味着"风险"。想象一下，如果我告诉你有一种投资，稳赚不赔，年回报率超过30％，并且我给你展示了我的银行账户里的资产，我告诉你这些都是通过这个方法赚来的，然后我问你要不要投资一些？这个时候，即便你内心跟着投资的想法极其强烈，但是你都会问一句怎么做到的，原理是什么，能不能讲一下？

只要你向用户展示转变的原理框架，用户就会相信你所讲的是真的，这里的转变展开来说，是对方要获得这个全新的"机会"所需要做出的转变。

发售之所以敢把产品真正的成交放在第4步，是因为每一步与下一步之间一定会留下一个巨大的"悬念"，这样真正有需求的客户就不会流失。

第三步：加速蓄能

这里你需要记住"加速蓄能"的核心：<u>通过进一步解密，分享更多用户关心的话题，植入案例，展示成交之后的世界。</u>

前面我们通过"鸣枪示警"让有需求的人"举手"，然后通过"预热蓄能"让用户对我们这个人以及我们所说的"新机会"产生了信任，接下来，是时候促使用户对我们所说的"新机会"产生巨大渴望了。这里需要提醒的是，用户从第一步到第二步的过程中，其实也有渴望，只不过我们需要在"加速蓄能"环节放大用户的"欲望"，核心策略就是让用户提前幻想"拥有的感觉"，怎么做呢？

一共有四个非常有效的策略，分别是自我见证、客户见证、梦想蓝图和眼见为实。

这四个策略，并不是让你在这个环节全部用上，它们像一个个组件，你可以搭配使用，通常来说"梦想蓝图"是必需的，其他三个在不同时期可以组合使用。举一个例子，一个新的产品，在没有客户见证的时候，你就可以使用自我见证+梦想蓝图策略；如果你要发售的产品不是自己的产品，既没有客户见证，也没有自我见证，那么你就只能用眼见为实+梦想蓝图策略。接下来，我将分别说明一下这四个策略的实施要领。

自我见证

如果你要推荐一个新产品给你的粉丝，但是你却从未使用过，那粉丝们会不会买？

假如有个减肥产品很好，但是你从未使用过，又或者你一直都是一个瘦子，那么这个时候你的粉丝可能就会对产品的效果产生怀疑。

再试想一下，如果你是一个草根，你想发财，现在有两个老师分别进行分享。第一个老师曾经也是一个草根，负债累累，然后通过学习营销发售技术，成为千万富翁，他分享了他是如何做的；第二个老师是一个富二代，毕业之后，他爸爸给了他1亿的创业资金，随后他分享他是如何创业的。

请问，你更愿意相信谁的方法更适合你？一定是第一个。

所以，这里我们得出一个结论，向用户展示"自我见证"的核心，是为了获得"说话的权利"，就像现在为什么我有资格教你怎么做"发售"一样。如果我没有做过发售，或者做过但没有取得什么成果，请问你还会有耐心在这里听我分析吗？当然没有。所以在本书的开头，我就要说明一下我用发售取得的成果，核心是想说"我有权利站在这里发表意见"。如果你要教别人做个人IP，但自己的IP都不是很成功，那么你发售这类课程时，就会显得苍白无力。所以你发售的产品最好都是自己使用过、检验过的。

接下来，你要用一个故事表达出来，故事中蕴含着自我认证。自我见证的维度和手法有很多，假如我要证明我很有钱，除了给你看银行账户以外，我也可以在发售的视频中植入一些豪车、别墅和旅游的画面，这样也能证明这一点。

客户见证

当你用"自我见证"让用户相信你所说的是真的之后，用户就会有勇气购买吗？

并不是，因为人最喜欢自我否定，所以你要用"客户见证"消灭用户心里的另一个"声音"，这个声音就是"你是天才，我肯定不行""你有粉丝，我没有，我肯定不行""你的皮肤跟我的不一样，我是油性皮肤，这化妆品对我肯定没用""你家庭条件好，我是农民家庭，我肯定不行"。

很多时候就是这样子，用户会认为你有用、你成功是因为你拥有他们没有的东西，但是他们从来不会思考，其实你一开始也没有。例如，我每次在分享发售的时候，有一些同学总会说："智多星老师，发售应该只适合有粉丝的大V吧？"他们不知道的是，我2014年刚起步的时候，只有200个微信好友，谁天生是大V呢？

很多人又认为，我天生就是语文高手，但事实是我从小学三年级到高考，作文都宁愿交白卷。我之所以写了十几本书，并不是天生的，而是当我想要的时候，一步步刻意练习来的。当然，无论你怎么解释，这样想法的人总是有很多，他们总喜欢否定自己，给自己设置各种阻碍，那这个时候怎么办？

非常简单，将与他们相似或者比他们更差的人，使用你的产品或者学习你的课程后所取得的结果展示给他们看，他们就会心服口服。

挑选"客户见证"是一门学问，很多人知道"客户见证"，也就是成功案例对于"转化"有很大的帮助，但是却很少有人知道客户见证解决的是用户的什么心理问题。**答案是复制问题。**

这个东西对你有用，但是用户担心对他没有用，而你告诉他，你把这个方法教给了其他人，他们也取得了同样的效果，这个时候，他才会放下心来购买。

而如果你选的"客户见证"主人翁比他更差劲，就会激发他的对比心理，他会想："**这样水平的人都能学会演讲，我有什么理由不行？**"

梦想蓝图

用户之所以会对你的产品感兴趣，是因为他有一个痛苦没有去除，一个梦想没有实现，而你的产品（新机会），是他铲除痛苦，实现梦想的"桥梁"，所以用户渴望从痛苦的现状中脱离出来，到达梦想的彼岸。如果你知道用户想要的"梦想中彼岸世界"的样子，并且用具象化的语言描绘给他看，那么用户的购买欲望就会被拉升和点燃。

梦想蓝图策略，其实就是一种在用户大脑中"播放电影"的策略，播放用户想看的电影，为什么这样做有效呢？

现在想象一下，在漆黑的夜晚，大海上升起了一轮明月，黑夜中你看到大海上有一艘巨大的游轮缓缓行驶着，在游轮的船头你看到一对情侣，女生张开了双手，男生从后面抱住了她。请问，你看到了什么？泰坦尼克号，对吗？但是你真的亲眼看见了吗？没有，但是你的大脑浮现出了那个画面。

梦想蓝图策略的核心，就是让用户提前在大脑中看到成交之后的世界。具体做法如下。

第一，你要知道用户购买这个产品希望实现什么目的，能给生活带来什么样的改变（越具体越好）；

第二，把用户想要的画面，通过文字、图片、视频和故事等多种方式植入大脑。

举个例子，如果你要发售的产品是减肥产品，那么用户想要的画面是什么呢？

身材变好？

如果你这样想，就大错特错了，实则应该是更能吸引异性。梦想蓝图要描绘的是用户真正想要的，不是表面看起来想要的，美国一位营销大师曾经说过：用户买的不是种子，而是草坪。

就好像女人买的不是包包，而是身份，千万不要听她们嘴巴上的理由，什么款式好看，什么皮质更好，收纳更方便，这些都不是核心需求。

当然还有更多可以描绘的画面，相信我，当你描绘出用户真正想要的画面后，等你的产品上架时，大卖就是必然而不是偶然。

眼见为实

中国有句老话叫"眼见为实，耳听为虚"，人们相信自己全程监督、亲眼所见的是真的。如果你直接让对方看到他想要的，直接在他眼皮底下发生，那么他就会全然相信。

为什么抖音上卖水果的在果园直播？为什么卖蜂蜜的在山上的蜂厂直播？我在抖音上见过一个做减肥的，拍摄视频把自己吃胖，然后直播100天瘦回去，这就是眼见为实，也是最有说服力的方式。

2021年，我发售过一个课程，叫《好莱坞直播系统》，这套直播方法论是我独创的，自己用了很久，非常好用，变现600多万，但是没有客户见证，因为没有教过别人用。所以问题来了，怎么证明你这套方法对其他人也有用？于是我招募了10个相信我的种子用户，用3天教他们直播，然后2天开播卖课，结果大获成功，而这5天的过程全程播报给我全网的粉丝看，在他们眼皮底下，把10个不会直播的人变成了可以直播卖课的人，这就是最好的证明。第5天结束的时候，我就发售了《好莱坞直播系统2.0》，结果60人报名，大获成功。

我前面说过，加速蓄能，是加速蓄积用户渴望拥有的能量（存储在用户心中的那股欲望），等待产品上架相当于筑坝囤水，在开闸的一瞬间爆发力巨大。加速蓄能这步，除了提升欲望，我们还要做三件非常重要的事情：预告发售、稀缺紧迫和后门优先。这三件事情是一定要做的，缺一不可，因为下一步就要"开闸放水"了，如果你想开闸放水的能量足够大，那么这三件事就要做得足够好。

1.预告发售

从"鸣枪示警"的造势，到"预热蓄能"，再到"加速蓄能"的过程中，不仅在蓄积能量，也是给用户一个了解，并做好心理准备的过程。

所以，到这一步一定要有确定性的"预告发售的时间"，不要不敢说，这个时候如果不说，到时候你突然发一封销售信"开卖"，用户反而觉得很奇怪。

2.稀缺紧迫

说明了发售的时间，但如果用户认为你跟别的人一样，这个产品会一直卖的话，用户的注意力就会不集中，因为人在购买东西的时候，拖延症是很严重的，所以我们需要在这一步暗示"稀缺性"和"紧迫感"。如已经有多少人关注了，但是只有多少个名额，或者等产品上架的时候，会被你的多少粉丝看到，届时可能会被一抢而空的。

3.后门优先

这一技术是我独家发明的，并且我还设计出不同的版本，我一般会让用户回复"后门"。

如果没有这么一步，对于你来说，你只知道有多少人看了你这个信件，但是你根本不知道，有多少用户真的想买，所以这个"后门优先"的策略，是让真正想买的人"浮出水面"，这样做有两个好处。

第一，如果回复"后门"的人很少（按比例算），那么证明你的发售肯定销量一般，反之就证明会大卖；

第二，你可以根据"后门"回复的反馈数据，修改后面的发售策略，如降低产品价格或者减少招募的人数。

这里需要特别提醒的一件事情是，用户之所以会一点点跟着你的发售流程走下来，核心原因是你每一步都给对方提供了价值，而不是建立信任的时候，纯粹就是建立信任。

每一步都承诺给予"价值"，用户才期待你的新内容，而我们在给用户兑现所承诺的"价值"时，要植入我们的目的。

第四步：上架发售

这里你需要记住上架发售的核心：<u>通过进一步的情感共鸣+价值塑造+无法拒绝的成交主张，让用户立刻做出决定。</u>

上架发售其实形式有很多种。例如，用H5页面成交，用视频号小店成交，用收款二维码成交等。无论哪种形式，你都需要在上架之前测试好，保持付款通畅，不然很容易导致前面的铺垫和努力都白费。

看到这里不知道你有什么感受，这就是一套完整的发售流程，只需要用到微信公众号就可以实现，当然前提还是你有潜在的客户名单。

这里解释一下，为什么发售公式中我用到了一个关键词"蓄能"？其实发售的威力如此之大的核心原因，就像你在一条河流中建立起一座大坝，不断蓄积能量，等到开闸放水的时候，就会产生巨大的能量（订单）。

现在你已经理解了发售公式的基础逻辑，不过，一场发售能否成功还有很多要点，而在发售流程中触发对应的用户"心理按钮"，就是核心要领之一，下一章我将为你深度解密决定用户决策行为的9个"心理按钮"。

Chapter

第六章

每场发售都必须用到的九大
"心理按钮"

人类经过几千年的群体进化，很多群体意识已经刻在了我们的基因里，而这些东西是直接作用于潜意识的。所以，我们只需要掌握这些"心理按钮"的正确打开方式，就可以让目标客户产生我们想要的感觉和行为。

先说一个简单的例子，如果你想要让别人感觉你是一名红酒专家，那应该怎么做呢？最好的方式可能是：我是英国女王的御用品酒师，然后配上一张你跟英国女王的合影。

这样一来，你的权威感自然就被衬托出来了，这也是为什么"林志玲的营养师教你减肥"这样的课程会好卖，这是因为标题就按中了"权威按钮"。

在发售的不同阶段，按中对应的心理按钮是非常重要的，接下来我要向你分享9个最常用的心理按钮，在分享之前，值得提醒的是，心理按钮是融入你的翻页式销售信中，传递到用户大脑的，它们并不是独立存在使用的。

过去7年的发售实战，让我掌握了人脑的32个心理按钮，当然作为初学者，你无须使用那么多。本质上，一场发售能用到的是有限的（并不会成堆使用），但是其中有9个是最常用的，具体如下。

1.展示权威；

2.引发互惠；

3.建立信任；

4.活动仪式；

5.稀缺紧迫；

6.从众心理；

7.风险逆转；

8.回报测算；

9.预期病毒。

具体如何使用呢？它与发售流程和翻页式销售信之间是什么关系呢？

发售流程是框架、步骤，翻页式销售信则是"肉"，你的每封信中要包含几个不同的"心理按钮"，这样你的信才有传播影响力，才会触发用户的信任、欲望和安全的按钮，最后成交的时候，才会有足够的冲击力。怎么理解呢？我举一个简单的例子。

标题：7天，利润提升5倍，任何实体店都可以套用的新策略

一直以来，我有一套实体店利润倍增的推广策略，这个策略很棒，可以让90%的实体店在7天之内利润提升5倍。无论是餐饮、美发、服装，还是健身中心，都屡试不爽。

实不相瞒，就在5天前，我又把这套推广策略"克隆"到一家餐饮店，结果毫无悬念，他家的"新菜"轻松卖出300份（在用户到店之前）。

这个策略，完全是通过手机完成，不需要花费现金做一堆传单，以及在店铺里布置一堆物料，下面这张图是老板给我发来的

感谢。

【插入聊天截图】

就在刚刚，我大脑中产生了一个想法，就是把这套推广策略编写成标准的落地SOP方案（暂时命名为"社群爆单方案"），让更多的人可以"克隆"我的绝技。其实，我并不知道它算不算绝技，但我从未看到其他人用过这种策略，过去3年中，我曾向一些朋友展示过，貌似都很管用。

在编写方案之前，我希望自己已经考虑到所有相关问题，所以你能不能帮我一个忙，请你通过下方的私人微信告诉我：<u>你做的是什么店铺？2022年的梦想是什么？实现梦想最大的阻碍是什么？</u>

【插入二维码】

作为回报，我将送你一本我写的电子书，万分感谢！

特别提醒1#：你的留言我100%会认真回复，并且在全新的落地方案中帮你解决障碍问题，实现目标。

特别提醒2#：有人问到"社群爆单方案"到底是怎样的一种策略？包括哪些步骤？什么时候能够"克隆"到自己行业？

简短的回答是：这套方案对流量激活、裂变、爆单策略和回款方案都给出了清晰具体的步骤，更重要的是这套方案不会对你的店铺造成任何的"活动后遗症"。至于什么时候可以"克隆"到你的行业，我现在还不能回答你，但是我会在编写好的第一时间用微信通知你！

特别提醒3#：为了确保这套方案最终可以"克隆"给你使用，我希望你用心回答我刚刚的问题，我需要了解你的真实情况。

这段文案中，就用到了故事、权威、证明、互惠，我相信聪明的你已经看出来，这里有个核心，就是这些心理按钮要用"暗示"的手法表现出来，你不用担心用户感觉不到，因为心理按钮是直接作用于潜意识的。

发售不需要你炫耀什么，你看上面这封信的内容，就是用一个故事带出所有要表现的东西，这样客户才不会反感。如果你自吹自擂，客户就会抵触，你的发售就会失败。

接下来，我就一一讲解按中9个心理按钮的正确方式。

一、展示权威

让人们感觉你在某一方面很有权威和话语权。打开方式有4种策略。

1.你的头衔

例如，我是天猫智囊团导师，在2014—2016年我做电商自媒体的时候，作用就很大，因为这个头衔意味着官方认可。

头衔有很多种，如某某发明人、某某创始人、某某品牌顾问、某某老师的学生、某某社群主理人等。你需要在你的信件中把头衔说出来，这样可以瞬间增强你的权威感。当然你需要注意的是，不要放出你太多的头像，特别是不相关的，这样容易让用户记不住，多了就没有焦点了。我有很多头衔，但是由于我现在专注于发售领域，所以天猫智囊团导师、清华商学院特邀讲师等都不用了，那些过去的头衔已经跟现在的定位方向不同了。

2.你的成就

你在所在的领域有什么成就？最好有相关性，你不能说在全国面包比赛中拿到了冠军，而现在要发售一款红酒，这是完全没有关联的，除非你发售的是红酒面包。

例如，我写这本书的时候，并没有说我曾经策划实体店所取得的成就，也没有说过我在魔术界取得的成就（事实上我发明过3个魔术），因为没有关联，写了也不会对你学习发售有什么帮助。

我应该写的成就是：发现了32个心理按钮，发明了10大发售模型，并且设计了10个发售中必须用的编程控件等。当然，成就不分大小，关键是要真实、相关，如果没有也可以不写，因为触发权威的心理按钮不光只有这一个策略。

3.你的专业

说明你现在的专业也可以建立你的权威感，因为人的大脑有很多心理账户，人们解决问题时会自动在对应的账户中寻找专家。

例如，你有一个好朋友是医生，你们从小一起长大，然后你有一个新朋友是律师，一般熟悉，现在你遇到一个商业纠纷，要打官司。医生朋友和律师朋友都给予了你意见，请问你会采纳谁的方案？

答案是律师。

发现没有，明明你跟医生更熟悉，但是你却相信了一个新朋友的建议，为什么？

他的专业。只要展示你的专业，那么你就会在用户心智中获得某个领域专家的位置，专家永远拥有该领域的指导权。

4.成功案例

这个就很容易理解了，你只需要在发售的过程中展示一些成功案例，你的权威感就会提升。例如，我经常在发售的过程中，讲到我给樊登老师做发售的案例，为什么？

第一，因为樊登老师很出名；

第二，这个案例发售非常成功。

所以这个案例一讲，大家都会信服，有图有真相。

发现没有，看似在分享一个案例的复盘，其实按中了"权威

的心理按钮"。所以按中对应的按钮都是用"暗示"的手法，并不是直接在信中说"我很权威，你要相信我"。

二、引发互惠

你有没有过这样的经历，别人请你吃饭，你下次就想请回来？或者别人送你一个礼物，你下次旅游买手信的时候，也会给他带一个礼物，为什么？

核心原因是：如果你不这么做，你的内心会产生"亏欠感"，让你不舒服，所以为了让这个不舒服消失，我们需要做一些事情来抵消。

心理学家把这种行为叫"互惠心理"，所以从某种意义上来说，如果你平时一直对粉丝贡献价值，突然某天要售卖一个产品，那么粉丝会为了抵消"亏欠感"而下单。

当然你需要注意的是，这个心理按钮的应用，并不是转化的决定因素，但不能缺少。所以在发售的过程中，你需要通过下面两个动作来击中这个心理按钮。

1.贡献价值

发售的时候，我们其实是在通过一个流程讲故事，但如果是纯粹的故事，垂直类的用户不一定会跟踪下去，所以我们需要在每一个阶段都给用户"贡献专业价值"。这样，他才会感觉有收获，并且认为只要继续跟踪就可以拿到自己想要的答案。

2.提供赠品

在一封信和下一封信之间，我们需要用户反馈的时候，其实可以给予一些赠品作为响应的奖励，好处有两个：一是提升了响应度，二是赠品会引发互惠心理的产生。

三、建立信任

很多人知道成交的前提是要有信任，但是信任是如何建立的呢？或者说信任到底是什么呢？

其实信任是人与人之间的一种感觉，如果不用事情、行为来检测，那么它是看不见摸不着的。例如，一个人说很信任你，然后你想向他借1万块钱，可对方拒绝了，那么你就知道他是不是真的信任你，由行为检测出结果。

感觉，是大脑给你发送的某种信号，而大脑其实是有它对应的运行规则的，所以我们只需要掌握这个规则，就可以很快让一个陌生人信任你。

建立信任的过程，就是向对方大脑的潜意识里不断输入有用的信息，然后产生信任感，那么哪些信息是有用的呢？

1.故事

人类大脑天然有归类功能，如果用户认为你跟他不是同一类人，你就很难成交他，因为他的内心对你是封闭的，那么怎么做呢？

你应该通过一个故事与他产生共情，进而产生共鸣，最终获得影响他的权利。

决定用户认为你跟他是不是同类的，是由你释放的信息决定的。如果你是卖减肥产品的，你说自己从小就很瘦，从来没有胖过，所以我推荐你使用这个产品，那用户一定会对你嗤之以鼻，因为对方认为你不懂胖子的痛苦。这就是为什么屌丝逆袭的故事更受创业者喜欢，而如果你是富二代，去教人创业就行不通了。因为用户会说，如果他家里人也给他几千万的创业资金，就不需要你来教了。

所以，请准备一个与你发售产品相关，并且能够与用户产生共鸣的故事，这样可以很快让用户感觉"同是天涯沦落人，相逢何必曾相识"，这样信任的根基就有了。

2.专利

人类是群体动物，在社会中学习、生活，我们的认知会互相影响，久而久之就形成了"群体意识"，隐藏在我们的潜意识里。所以当我说要给你介绍一个朋友，他有12项专利发明的时候，你就会感觉对方很厉害。是不是真的优秀，你的大脑还没有来得及反应，但潜意识已经给出答案了。

神奇的是，你连对方的名字、年龄、专业、目前的生活情况都一无所知，但大脑有了反应，为什么？

这就是人脑的秘密，大脑是有BUG（漏洞）的。专利在群体意识中，就是专业达到一定程度的发明家才能拥有的东西，所以如果某人拥有了，说明他在这个领域一定很优秀，进而就会催生出对他的信任。

3.名人

有一天我在线下讲课，我从大门进入的时候，牵着一个小朋友，然后把小朋友交给助理后，我就上台分享了。分享到中途休息的时候，很多同学就跑去逗那个小朋友，有人跟我说："智多星老师，你的女儿好可爱哦！"其实那个小朋友只是想进会场找妈妈，我带她进来而已，她并不是我的女儿，这就是"相近的东西必有关联"，人们会下意识认为两个靠近的东西之间一定有关联。

所以如何你跟以下三种人认识的时候，一定要抓住时间合影。

（1）有钱的人；

（2）有名的人；

（3）有权的人。

这些照片都会成为你背书的利器，相当于"软性代言"。相信你也见过一些餐厅墙上挂着和明星、市长的合影之类的。

信任只是一种感觉，这个感觉来自你提供的信息。

4.作品

书籍、课程、唱片、油画等，这些都属于作品，作品的好处是把你的专业内容里抽象事物变成实物传播最好的媒介。你说你很厉害，思维认知很高，结果你连一本书都没有，不足以让人信服。如果你有作品，那么你在用户心中就是专家，而专家是值得信赖的。

为什么会这样呢？

因为人脑链路是这样思考问题的：什么样的人能出书？专家、教授、作家，没错吧？这是正向思考的方式，那么反过来呢？

如果你出了一本书，那么用户会很快给你贴上一个"某专家"的头衔，大脑为了方便记忆，贴标签是最好的方式。

所以作品是你让用户认可你专业的核心工具，如果没有抓紧创造，那么记得一定要在发售中"漏出"，这样用户会更愿意信任你。

5.身份

我之前的头衔是"自明星营销方程式"作者、天猫智囊团讲师、清华商学院特邀导师等。在群体意识中，一样有身份的滤镜。再比如某公司CEO、某公司顾问、某学校客座教授，核心是你的身份跟你的专业领域有关，我现在的头衔很简单：脉冲式发售发明人。

其他头衔我都去掉了，一个更容易记住。创业初期，多身份则多方面展示；后期IP强大了，释放一个身份即可。

6.资产

如果有一天你到一个城市去看项目，一下飞机，项目方的老板就派了一个助理，开着劳斯莱斯去接你，请问你会有什么感觉？

你坐在车上，还没有到公司的时候，你就几乎可以确定要做这个项目了，剩下到公司聊项目就只是过场了。这就是资产的魅力，可以快速取得信任，因为人都是慕强的，且通常都会认为有实力的人不会骗自己。

资产分实物资产和虚拟资产，实物就是豪车、名表、豪宅等，虚拟的有粉丝数量、案例数量、业绩规模等。这些信息的透露，都可以快速催眠客户，让客户信任你。

上面讲的六点统称为：人脑偷渡技术。就是越过意识，直达潜意识，让用户快速得到一个答案：这个人值得信赖，专业实力很强。

四、活动仪式

如果你可以把发售变成一个节日、一个挑战的话，那么转化率会直线上升。因为"活动仪式"会拉升用户的参与率和情绪指数。

其实双11就是每年固定一次的发售节日，从10月就开始造势、铺垫，目的是双11当天开通5折购物车，让顾客疯狂下单。

我准备把每年的3月18日做成"世界发售日"，每年这个日子带领发售爱好者做大规模的发售，这样重复叠加，每一年都会比上一年更有力量。

说实话，这个心理按钮真的很神奇。例如，情人节的时候我们会买玫瑰花，端午节的时候我们会吃粽子，中秋节的时候会买月饼，为什么？

因为群体意识的传递，这些节日成了文化母体的一部分，所以我们买花、粽子和月饼都是参与其中的一种行为。当然做成一个节日对于普通人来说太难，但是一个挑战就非常容易，挑战一样会带来参与率和情绪指数。2017年，我的《馅饼计划》就是一项挑战，我说要带领几百人在一周之内赚到100万，然后全部分掉，我一毛都不要，结果大获成功。

所以，你的领域可以发起什么挑战呢？

减肥挑战？阅读挑战？写作挑战？营销挑战？然后在挑战的最后发售一个后端的产品，你一定会大获成功。

五、稀缺紧迫

发售为什么比销售业绩爆发得更猛？原因是用户只能在特定的时间内购买到产品，不像销售，什么时候都可以买，都是稳定的价格，用户自然会拖延购买的时机。

所以，我们如何让用户迫不及待地抢着下单呢？我们要在开通购物车的时候，制造稀缺性和紧迫感。从某种意义上来说，我们需要在开通购物车之前，就暗示用户发售产品的稀缺性，这样等开闸放水的时候，力量会更加强大。

具体怎么做？一共有四种有效策略。

1.名额稀缺

告知用户这次发售的产品一共多少个名额，一旦招募满立刻截止，想买也买不到。这样就让犹豫的用户不得不抓紧时间做决定。

2.赠品稀缺

此次发售一共200个名额，但是报名的前50位可以获得一个特殊的赠品，这样最开始的订单冲刺速度就会更快。

3.时间紧迫

告知用户这场发售最迟什么时候截止，建议不超过10天，我的常规设置是7天时间，超过7天无法再购买。

4.涨价紧迫

在发售的过程中，还可以用1—2次的阶梯涨价，来刺激更多订单。这个其实是用户最忍受不了的，因为昨天购买还是29800，而今天购买就要31800，而如果现在不做决定，过两天又要涨价到39800了，怎么办？下单吧。

一般来说，常规操作中最少是"名额稀缺+时间紧迫"，当然如果加上另外两个，效果会更好，但操作一定要得当。

六、从众心理

在人类进化的过程中，群体意识一般认为从众＝安全。如果在你的发售过程中，用户感觉就他一个人在全程参与，他会感觉非常不安，怀疑自己是不是被骗了。但如果他感觉有一群人在参与，并且有很多人已经摩拳擦掌地在排队，准备抢购，那么他反而感觉更加安全。所以在发售过程中，让用户产生"从众心理"是非常重要的一件事情，那么怎么击中这个心理按钮呢？

1.告知有很多人在响应；

2.告知有很多人在下单。

通过朋友圈、短视频、直播间、公众号文章等渠道分享消息，如"昨天我提出了一个问题，没有想到的是，一晚上收到了300条私信回复"。

这样一来用户就知道，原来有这么多人在提交回复，不是他一个人这么做，感觉有保障。更重要的是，你必须在发售阶段通过各种信息渠道滚动播报谁下单了，这样会带来更多的订单。

七、风险逆转

用户在购买产品的时候，潜意识里有个声音：买了不喜欢怎么办？颜色不对怎么办？坏了怎么办？手感不好怎么办？学不会怎么办？

这些声音的背后其实是怕承担风险和麻烦。

以前的这些担忧，只有用户自己消化判断，商家则摆出一手交钱、一手交货的姿态。小时候，我记得在路边买东西，那些叔叔阿姨总会说一句"别乱摸，摸了就要买"，这样的交易环境，消费者能不犹豫吗？

所以如果我们希望用户不假思索地下单，就需要把风险+麻烦转嫁到自己身上，这里就不得不提到**零风险承诺技术**了。举例来说，就是在开通购物车的时候对用户说，遇到买了不喜欢、听了学不会、收到货坏了等问题，可以全额退款。

很多人说："智多星老师，如果这样做，都来退款怎么办？"

除非你本身就是骗子，或者你的产品质量真的很次，没有效果，否则这个问题不用担心，产品正常的退款率不会超过5%，大部分都在3%左右。而你的产品即便真的比你说的差一些，退款率也不会超过23%。你要知道，当你向用户零风险承诺后，你的转化率会提升好几倍，利润直接就倍增了。

八、回报测算

如果我们有办法让用户感觉这次购买超级划算，或者说是一笔非常划算的投资，用户当然会快速下单，除非他没有钱。那么怎样才能让用户感觉超级划算呢？（注意，划算不是便宜。）答案是按下"回报测算"心理按钮。这里提供两个比较常用的手法。

1.价格平摊策略

例如，今天购买这个产品只需1000元，可以使用一年，平均每天不到2.7元。

2.快速回本策略

例如，家里的马桶堵了，让人上门处理一次需要50元，而如果你购买我们的"通马桶神器"，只需98元，两次就回本了，而第三次以后，你都是白赚的。

上面两个案例用于解释两个策略，你可以举一反三，让用户在你提出价格时，感觉很划算，物有所值。

九、预期病毒

推销为什么让用户反感？因为客户还没有做好心理准备，没有决定要，你就拼命输出"说服"他赶紧下单的想法，结果往往得不偿失。

而发售是通过层层铺垫，让用户先产生购买的欲望，再提出成交，开通购物车，自然水到渠成。这句心法要记住：**想买在前，想卖在后**。

预期病毒正好可以帮你实现这一目标，但是如何植入"预期病毒"呢？

第一步：制造好奇；

第二步：产生期待；

第三步：激发渴望。

在发售的过程中，我们只需要让用户的心理经历这三步，那么自然就会变成"用户想要"，而且他们的内心是对你打开的，不是封闭的，这样成交会变得更简单。

首先我们通过"鸣枪示警"给用户制造一个好奇，留下一个悬念，用户想知道答案，但是答案要2天后才公布，这个时候期待就产生了，他们开始期待2天后收到你的视频。

多次操作后，他们将越来越渴望得到最终的产品。恭喜你，做到这一步，你的发售基本上就成功了。

心理按钮是你在发售的过程中不断通过内容去击中的，有的时候是一句话，有的时候是一个故事，有的时候是一个视频的背景，也有可能是道具。多看案例，多拆解，你的发售会更容易落地。

Chapter

第七章

设计发售流程，必不可少的
5 个编程控件

如何让你的发售更有灵魂？如何让你的每场发售都行云流水，立于不败之地？

答案是掌握设计发售流程的编程控件。过去7年的实战经验，让我发明了十大发售模型，这都归功于我总结的10个控件。这些控件，在我每次遇到新的发售难题的时候，总能助我突破重围，开发出全新的发售流程。

接下来，我将分析十大编程控件中的5个。其实一场发售就是一场"群体控制"的游戏，你一旦掌握了编程控件应用要领，就相当于掌握了这场游戏的遥控器。

一、鸣枪示警

一场发售能否成功，有一半直接受"鸣枪示警"的角度所影响，现在我就正式教授你"鸣枪示警"的4种角度策略。

1.请求帮助；

2.重大突破；

3.最新事件；

4.全新升级。

只要你掌握了这4个"鸣枪示警"的策略，那么无论在任何时候，你都可以快速锁定用户的注意力。

第一个策略：请求帮助

给你的名单上的粉丝写一封信，或者录制一个视频，当然你也可以在一场直播中向你的粉丝"请求帮助"。相信我，你的粉丝会很乐意给予你帮助的。2018年，我给樊登老师做的那场发售，就是这样做的。

案例一：樊老师给你的一封信

哈喽，亲爱的书友，你好！我是樊老师，我猜你此刻正在好奇，为什么我会用写信的方式与你相见？其实是因为最近半年我一直被一个问题困扰，而这个问题也与你有关。所以我不得不写这封信给你，希望能从你那里得到一个更准确的答案。

时间要回到去年的春节，我独自一人在书房中，打开App用户反馈报表，发现问创业相关问题的人越来越多。你也知道，樊登读书会创立的初心，是希望每个人都可以通过读书、学习来改善自己的生活，包括亲子关系和创业管理。情绪、心灵和亲子关系，这类问题很容易通过学习得到改善，但创业这方面的问题让我一直很懊恼，你也知道我分享了不少关于创业、营销和管理的书籍，具体如下。

管理类有：《管理十诫》《商业本质》《指数型组织》《赋能》《增长黑客》等；

营销类有：《浪潮式发售》《疯传》《流量池》《吸金广告》《影响力》等；

创业类有：《从0到1》《联盟》《让大象飞》《精益创业》《商战》等。

我分享的越多，发现创业者面临的困难就越多。我开始反思，为什么情绪、心灵、亲子关系这些问题很容易解决，而创业想要成功怎么就这么困难呢？后来，我终于发现了一个非常重要的原因，那就是情绪、心灵、亲子关系都是处理自己与自己的关系，以及自己与配偶、孩子的关系，所以这些问题比较容易解决。而创业需要的能力，要面对的复杂人物和环境太多了，所以创业非常艰难。难道没有办法了吗？

显然不是，因为在我的圈子里，有很多人是连续创业者，并且创业成功率非常高。成功一定有方法，你知道我有一个品牌课程叫《可复制的领导力》，既然领导力可以复制，那么创业也一定有方法论。

因此，我心里产生了一个念头，我希望可以打造出一套"创业从发心到执行"的落地系统。有位朋友听了我的想法后，说这比西天取经还难。不错，虽然前路漫漫，但我还是决心一试。

为此，在过去的半年里，我整理了自己的创业过程，有我读过、使用过的策略，还找来了很多连续创业的朋友，收集他们创业成功的心法。

终于，在几十次的论证、整理和打磨后，这套可复制的落地系统终于完成了90%。可以说这套系统集聚了我和几十位优秀创业者、企业家的智慧，我深信这套系统可以帮助更多在创业路上行走的人。

但你可能会思考，这跟你有什么关系，对吗？

关系重大，因为我们每个人不是在创业就是在创业的路上，可以说创业是一条不归路，一条只允许成功而无法接受失败的路。我希望我精心打磨的这套系统，你也有机会掌握。

所以，为了确保我的这套创业系统能够100%满足你的需求，解决你未来或者现在遇到的困难与瓶颈，在向你描述系统中更多的细节之前，我有一个小小的请求（以助我可以更加快速完成剩下进度的10%），请你告诉我，你正在做的事情是什么？你2018年的目标是什么？现在是否实现？实现目标的过程中，你遇到的最大障碍是什么？你希望快速得到哪方面的帮助（资金、人才、管理）？

当然，如果你不愿意公开你目前面临的情况，你也可以通过微信私聊发送给我的书童，他会第一时间汇报给我。与此同时，我还给你准备了一份小小的惊喜，为了感谢你对我的帮助，书童会在收到你的反馈后，第一时间给你一份我的最新分享视频《批判性思维》，相信你一定会有全新的收获，我们明天再见！

特别提醒1#：因为人数太多，我不能确保马上回复你的留言，但是我保证会亲自阅读所有的留言，并在全新的创业系统里帮你解决障碍问题，实现目标。

特别提醒2#：有人问《创业从发心到执行》是怎样的一套系统？包括什么？什么时候能参与学习？简短的回答是：这套系统囊括了创业者从有一个念头到最终落地执行的方方面面，如管理、营销、股权、人才、融资和增长等。至于什么时候能参与学习，我现在还不能回答你，因为最后的10%需要你一起帮助完成。如果我准备好了，我会第一时间通知你。

特别提醒3#：为了确保这套系统最终是一套接地气的训练课程，我希望你找一个安静的地方，用心回答我刚刚提的问题，我需要听到你的心声。

这封信发出去后，有超过1000多位书友给予了回复，那么这样做的原理是什么呢？

鸣枪示警的核心是：**引发关注，但是不做销售，同时暗示有一个很酷、很新的东西（机会）即将出现。**

这封信完美地做到了这点，你作为意见领袖，给你的粉丝发去一封信，必然会引发关注，但是信的内容并没有销售任何产品，同时暗示你正在打磨一个系统的课程《创业从发心到执行》。这在兵法上叫"声东击西"，你还记得我在前面章节中说到"电影发售"的逻辑吗？

通过炒作明星，带出正在拍摄的电影，而在我们正式的发售中，是通过向用户求助带出即将上市的产品。可以说，这一招是发售历史上最伟大的发明。在传统的产品销售中，"开枪"等于

"开售"，给用户造成了巨大的压迫感，而这样的求助方式完美地解决了这个问题。可以试想两种情况。

第一种情况：我跟你一见面，就掏出一个产品，然后跟你介绍这个产品，并且想卖给你；

第二种情况：我跟你一见面，就掏出一个产品，说我最近在优化打磨这个产品，希望你能够给予一下优化意见。

哪种情况你会更舒服？毋庸置疑是第二种。第一种情况对方越想卖给你，你就会越抗拒，而第二种情况没有任何销售意图，你给予意见以后，反而会很期待这个产品的上市，难道不是吗？

发售与销售的最大区别就是，销售一上来就暴露了销售意图，而发售则隐藏了销售意图，在产品没有上架之前，每一步都在给用户提供价值。

求助帮助一共有3种方式。

第一种：问卷。

刚刚樊登老师的这种求助方式，用的就是问卷策略。

第二种：投票。

你设计了几款新产品，或者你的新书设计了多个封面等，但是你不知道用哪个更好，想要得到粉丝的帮助——投票决定。这样一来，引发了关注，但是没有做任何销售，同时粉丝还会期待最终的投票结果，并且期待这个产品或者这本书什么时候会上市。

第三种：取名。

跟投票类似，例如你开了一家新的店铺，或者你要研发一个新的课程，内容有了，但名字还没有，这时候你就可以请求粉丝的帮忙，并且承诺凡是给予帮助的粉丝，都可以获得一份礼物。

相信我，给予帮助的粉丝越多，你的店铺开张就会越火热。如果是课程，那么一定也会疯狂大卖。至于为什么，我会在后面继续为你解密。从某种意义上来说，这是发售成败的重中之重。

你一旦掌握，那么恭喜你，你的每次发售都会如鱼得水。

第二个策略：重大突破

发售学到后期，最难的不是流程怎么设计，也不是成交主张怎么打造，而是"鸣枪示警"的角度。如果你问我对发售领域最大的贡献是什么？

我的答案是角度。

目前为止，我创造了十大模型，而这10个模型，就是10个不同的发售角度，可以说解决了西方发售学的角度单一问题。如果你看过《浪潮式发售》这本书，应该会更清楚。

杰夫·沃克老师从头到尾只教了一种"造势"的手法，那就是"求助"。但如果每次发售都求助，用户就会猜到你接下来的步骤，就失去了新鲜感和神秘感。这样会导致你的发售慢慢开始失效，而我过去7年，每次发售都能取得巨大成功的核心原因就是对角度的创新，有重大突破就意味着找到了一个全新的角度。

人们总是对新发明、新技术和新创新有着超强的探索欲，因为人类心智中天然认为取得重大突破的东西一定更好。每一个用户都有一个过往痛苦没有去除，一个梦想没有实现，我们要发售的产品，本质上是铲除痛苦，实现梦想的"桥梁"，所以你只需要向目标用户展示你手中有解决他问题的"最新配方"，对方自然就会响应。

第三个策略：最新事件

每个月，互联网上都会出现一些"大事件"，而这些事件天然有热度。因为事件足够大，自然会形成"群体意识"。我们可以借助"群体意识"中已有的热度，来一次发售。

2019年，抖音短视频带货很火的时候，我就借力了这个认知，做了《抖音淘客掘金计划》的发售，大获成功，信件如下。

标题：江湖流传，抖音淘客月入百万是真的吗

炎炎夏日，近日江湖风波不断，抖音淘客收入视频席卷朋友圈，震惊网赚圈，导致许多人彻夜未眠。

一条抖音视频发布不到24小时，收入8万元！

一个抖音账号，一觉醒来发现收入30万！

这些令人眼颤心动的收入视频，到底是真是假，点击查看！

（这是一个1分20秒的视频）

如果你也想知道是真是假，并且想知道他到底是怎么做到的，

可以私聊我任意一个微信号回复"6"，我明天会全程用视频记录下来，晚上8：30用微信第一时间发给你。

如果你没有我"智多星"好友，扫描二维码添加，并向我发送信息即可获得答案。

如果你已经是我好友，不用重复添加。

信件的开头，用"炎炎夏日，**近日江湖风波不断，抖音淘客收入视频席卷朋友圈，震惊网赚圈，导致许多人彻夜未眠**"作为开头，成功借力了这个最新事件。

如果没有事件，怎么办?

答案是创造新事件。

2021年，我的老师做过一场成功的发售，他说要创造一个全新的营销系统，即MOS系统，希望全中国的营销人说出他们在营销过程中的困难和阻碍，最后成功发售几百万。

第四个策略：全新升级

人们总是喜欢"崭新"的东西，为什么?

第一个原因是人的大脑有两个主要的职责：提升效率和规避风险，这样我们人类才能安全地活下去，经过群体意识的训练，大脑得出一个结果：未知就意味着风险。规避风险最好的方式，就是把"未知"变成"已知"。所以，对于新消息和新知识，人脑就天然希望弄明白它，所以注意力就被吸引了。

第二个原因是人性里有一个东西叫"虚荣"，而虚荣来自"攀比"，"攀比"是因为有了"对比"。新旧就是一种对比，导致人们喜新厌旧，总是喜欢用新的东西。商业巨头们在 100 多年前就已经明白了这个道理，所以每年都有新一代海飞丝、新一代苹果手机、新一代奔驰汽车等。

喜欢新的海飞丝，真的是因为旧的海飞丝不去屑吗？其实并不是。人们换苹果手机，大部分时候都不是因为旧手机不能用了，而是为了"追新"。当然，大部分人不会承认自己是为了"攀比虚荣"的。那么我们如何用好追新的心理，来做自己的发售呢？

其实你可能有所不知，发售最早在美国的营销圈里是被质疑的，质疑的原因也很简单，因为他们认为发售的角度，如果每次都用"求助"的方式，很快就行不通了，用户是会脱敏的。

我最开始做发售，做了几次后，就发现了这个致命的问题。为了解决这个问题，我开始从人性底层去寻找更多的新角度，但是依然有一个问题：如果我有一个产品，2—3 个月就要发售一次，怎么办？

我总不能每次都用同一个角度，后来我就发明了"迭代式发售模型"，而这个模型的"鸣枪示警"角度，就是"全新升级"。

比如，我的《好莱坞直播系统》只有 10 个学生，到了 2.0 版本却有 60 个学生，每个人 13800 元。

再比如，我的《脉冲式发售系统 2.0》，从之前 1.0 版本的 6 个模型升级到 8 个模型，3.0 版本应该会有 10 个模型，我会一直迭代升级，价格也会一直飙升。

产品的每一次升级，都会带来全新的注意力，而且会带来大量的复训。这种迭代发售的方式，灵感来自乔布斯，从iPhone 3的问世，到现在已经快iPhone 16了，并且每一代产品都有多个版本，如iPhone XS和iPhone XS Max。那么这个思维能否用在我们课程产品的发售上呢？

当然可以，2021年，因为新冠肺炎疫情的影响，很多时候开不了线下课，所以当时我的"好莱坞直播系统"就推出了一个线上版本，"好莱坞直播先行版"售价8800元，发售非常成功。

用全新升级做"鸣枪示警"有如下几个策略。

1.用新版本升级的困难故事切入；

2.用新版本中创新的内容做切入；

3.用上一个版本中的客户见证做切入；

4.用新版本的全新包装做切入。

总而言之，从一个全新的角度，将用户带入你的发售流程中。下面这个案例，或许可以给你更多启发。

标题：女老板仅用3篇文章，变现7.5万元，销售员惊掉下巴

一直以来，我有一套简单的产品发售流程，每次使用它，都可以在7天之内收到我想要的现金（第一次使用就赚了60万）。

这套流程一共3个步骤，我只需要在每个步骤中填入一封信，然后按照顺序发布出去，就可以把发布会门票销售一空。不出所

料，600张门票果然一抢而空。

当然，你千万不要误以为这套产品发售流程只能售卖门票，要不你就太小看它了。可以自信地说，这个流程可以让世界上95％的产品，在7天之内销售一空，不信请看下面一个案例。

就在今天早上，我在花园中边晒太阳，边看书，然后就接到了我的学生荣荣的电话，她兴奋地告诉我："老师，我发售成功了！1500元的产品，有50人购买！"

从她的语气中，我感受到了兴奋、激动和难以置信，因为这是她人生中第一次用发售的方式赚钱，而在此之前她心里还没有底。因为她公司的每一个销售员都反对她的行为，质疑老板的所作所为。人工一对一聊都很难卖的东西，难道通过几封信就可以卖出去吗？

荣荣之所以激动，可能更多的不是因为收入，而是给公司找到一条新路，以及用实力向公司内部的人证明了世界之大。

我们来看一下荣荣的流程，她之前是卖汽车检测设备的，而这次她发售的是宝马汽车修理课程。

从聊天记录不难看出，她的整个发售流程也是用公众号写了3封信，几乎跟我给樊登老师写的一模一样。由此可以证明，发售流程是可以复制的。

美国的一位营销大师说过，赚钱最简单的方式，就是把一个在其他行业已经论证过的模型，复制到其他行业。

"智多星老师，我怎么复制?"

说实话，原本我准备在这篇文章中把操作方式写下去，但是发现这样做，一是文章会很长，二是有一些操作细节，文字和图片不能完全展现出来。所以，我决定明天花1小时的时间，<u>录制一段解密教学</u>。我还会让曾经复制这个发售流程并赚到钱的几位学生也分享一下他们实战时的小心得，合成一个视频，然后发送给你，当作新年礼物。

如果你需要的话，可以扫码下方二维码，加我的个人微信，然后备注：发售解密，我就会在×月×日晚上×点钟发送给你!

需要提醒你的是，这个视频只发送给领取的人，微信见!

还有一个事情需要说明，个人微信一天只能通过200个好友，所以如果没有第一时间通过，那么就证明你是在200名之后加的我，请耐心等待！

对了，千万不要催我，但我保证我会准时发送给你！

给你留一个作业，你认为这个角度，我用的是上面哪个策略呢？

看到这里，相信你已经有了很多"角度灵感"了，当然你可能也会有一些疑惑，就是角度想好了，内容也写好了，怎么"开枪"呢？

"开枪"打猎，核心是命中率。所以"鸣枪示警"的核心是触达率，如果没有触达率，你的角度再好，但却没有进入用户的大脑，那又有什么用呢？所以为了让你的粉丝都知道这个信号，你需要做到全维度覆盖。

1.朋友圈滚动触达（多角度、口吻释放信息）；

2.私聊群发触达（把你写的第一封群发给每个粉丝）；

3.公众号触达（公众号推送第一封信）；

4.微信群触达（在群里用聊天的方式"鸣枪示警"）；

5.视频号触达（拍摄一条短视频推送）；

6.抖音触达（拍摄一条短视频推送）。

如果你只是在私域发售，你最少要用2种触达方式，就是朋友圈+私聊群发；精力允许的话，可以把前5种都做了。

如果你的核心战场不是在私域，而是在公域，类似于抖音这样的平台，那么短视频触达就非常重要了。怎么确保短视频的内容会被自己的粉丝看到呢？

答案是投放。

视频号和抖音，都是可以花钱投放视频让自己的粉丝看到的，视频号里叫"创作者流量包"，抖音里叫"抖加（dou+）"。随着时间的推移，兴起的平台会更多，但是无论世界怎么变，科技怎么变，"鸣枪示警"的核心就是把内容以不同载体的方式触达到用户大脑中，触达的核心，就是多角度和多维度。

如何判断"鸣枪示警"的效果呢？根据数据反馈，如果你的第一封信发给了5000人，观看的人可能有2000人，而给你反馈的人如果有200人以上，那证明效果不错。但是如果只有几十个反馈，估计效果就不佳了。这说明你"鸣枪示警"的角度没有激发用户的强烈兴趣，随着时间的推移，成交率极有可能不会特别高。这也是为什么发售的每一步几乎都有一个反馈机制，因为数据是最好的预测工具。

数据不好的时候，一定要有后备方案，千万不要一根筋，明明感觉情况不理想，但还按部就班地往前冲，记住：发售流程是可以调整的。

只要你没有上架产品，其实你都在跟用户讲故事并提供价值，只有你自己知道后面要卖产品，但是在没有卖之前，你还可以做出改变。

那么为什么说"鸣枪示警"会影响发售的一半成功率呢？因为"鸣枪示警"就是造势，你需要锁定更多人的注意力，并且引发用户渴望的势能，如果这个能量不够，后面就不好蓄能了。

二、连贯悬念

这个控件的应用，决定了一场发售的生死。毫不夸张，因为如果没有悬念的把控，用户的注意力就会在过程中丢失；如果很多人都没有完整的"认知链条"，并且走不到最后一步，那成交又从何谈起？所以在发售过程中，每一步即将结束的时候，必须留下一个新的悬念，好像电视剧每一集结尾都留下一个悬念一样。

那么如何在用户大脑中构造悬念，引发好奇，然后期待你的下一步解密呢？在与你解密"构造悬念"的三大要领之前，我们先一起来看看悬念在大脑中是如何产生的。

我们的大脑追求信息的完整性，当大脑得到一个不完整或得不出结论的信息时，就会特别难受，这种难受的消除方式只有2种。

一是找到完整信息或者答案，解除难受状态；

二是在找不到的情况下，自己给出一个合理的答案。

悬念对人脑的影响深远。很多年前我看过一个动画片叫《全职猎人》，看到一半就不再更新了，导致我至今很难受，结局对我来说是永久的谜。

所以，人忍受不了别人说话说一半，总是喜欢追剧、看小说，看到最后不得不付费，这些都是因为大脑追求完整性而导致的。

相比金钱的付出，人更忍受不了的是百思不得其解。

我们只要掌握这个特点，给用户制造悬疑，让用户产生好奇，欲罢不能即可。要知道，主动想要和强行塞给他区别是很大的。

原理听起来非常简单，但是如何落地呢？如何一瞬间激发对方的好奇，留下悬念呢？其实非常简单，以下有三个核心要领。

1.找出需求，一句话击中内心，引发好奇

用户之所以好奇，一定是因为你的话击中了对方感兴趣的点。如果你对一个做微商的朋友说，我知道一个淘宝打爆款的技术，想不想听一下？

这个时候，对方可能毫无兴趣，但如果你对他说："最近我测试了一种全新的朋友圈展现策略，有效提升业绩5倍以上，不用漂亮的海报，也不用华丽的文字，百试百灵，你想知道吗？"你猜这个时候会怎样？

对方一定说："真的吗？赶紧告诉我！"

所以，引发好奇、制造悬疑的前提，是你知道对方的需求，只要你知晓，就可以用一句话来引发对方的极度好奇。

举个例子，对于一个要减肥的人来说，他的需求可能是不打针、不吃药、不锻炼、不拉肚子，正常饮食就可以减肥。

他减肥的动机可能是为了找对象（这也是已婚人士减肥成功率更低的原因），那么我们用一句什么样的话来引发这群人的好奇呢？

关于如何写悬念的"子弹头"技术，其实非常简单，就是只说结果，不说过程，记住：吸引用户想要的永远是结果，而不是过程。

2.围绕需求，不断塑造价值，每塑造一次，对方会感觉离真相更近一步

当你用一句话引发对方好奇之后，接下来，就是要通过不断塑造价值，让对方内心欲罢不能，渴望购买，渴望得到真相，这个部分的重点是围而不交。

我们在生活中经常会被人吊胃口，然后我们通常会说"别卖关子了"，对吗？不断塑造价值的过程，就是不断卖关子的过程，但是卖关子也有手法高低之分。卖得不好，会让人讨厌，没有耐心；卖得好，对方欲罢不能，那么怎么才能卖好呢？

其实也非常简单，每卖一次，要让对方感觉到自己离真相又近了一步。我们来看一张图片。

图片中的红点是真相，也就是对方需要的东西。你每塑造一次价值，每说一句话，都要让用户感觉自己在由外往内无限接近真相，否则用户就会没有耐心。我们来看下面一个例子。

最近我测试了一种全新的朋友圈展现策略，有效提升业绩5倍以上，不用漂亮的海报，也不用华丽的文字，而且百试百灵。

这套策略厉害的是，即使一个初中毕业的人，利用这套模型也可以轻而易举地获得效果。

这套策略中一共有26种模型，什么样的产品用什么样的模型，这彻底打破了你的代理商要学习一堆文案和作图技巧的限制。

在我决定把这套策略公之于众时，为了保险起见，我私下给两个微商团队做测试，结果让我目瞪口呆，因为他们提升了8倍业绩。这一结果让我有足够的勇气，把这一策略展示在人们面前。

这一策略，颠覆了你在任何地方学习的朋友圈包装和打造策略。

好了，看到这里，你有没有感觉你的情绪在不断提升？当你能够清晰感觉到用户情绪已经提升到难以忍受的程度时，进入下一步。

3.在对方没有做出你想要的动作之前绝不给予正确答案

对方被你诱惑得无法自拔时，就是让对方做出行动的最佳时机，包括转发、加微信、付款、下载App等。

你永远要记住的是，在对方没有做出你想要的行动之前，千万不要给他想要的真相，因为你一旦先给他，他就不会再有所行动，这就是人性。

得不到的，永远是最好的。一旦得到，就意味着幻想破灭。

所以，发售的每一步，都是"给予，不满足"的过程，每一步给予一部分价值，但又不完全满足（因为满足就意味着结束），但是用户大脑为了追求完整性，会不得不关注你的下一步。

三、参与关联

这个控件的发明，可以说极大地提升了发售的转化率，没有它虽然也可以做发售，但是威力至少减半。

问你一个问题，你知道什么样的产品一上市，用户会毫不犹豫地购买吗？

答案是用户自己参与研发的产品。

小米在起步阶段大获成功的秘密，就是因为使用了这个策略，后来他们还出版了一本书叫《参与感》，具体怎么做呢？

非常简单，他们说要开发一个MIUI系统，希望全中国的手机用户和发烧友们提开发需求，以便小米开发出大家喜欢的安卓系统。

开发出这个系统后，大家可以自由下载覆盖在自己的安卓手机上。这个时候的小米还没有做手机，只是做了一个基于安卓的手机应用系统。就这样，大量的手机用户踊跃地提意见，深度参与其中。

等到MIUI系统经过一年的迭代升级，有了大量的用户基础后，2011年8月16日周年庆的时候，小米手机顺势发布。

你猜怎么着？MIUI社区的粉丝疯狂下单支持，就这样，小米手机开始了新纪元。

为什么让用户参与产品的研发，或者仅仅是回答一些问题、参与讨论，都会大大提升发售的业绩呢？

我们先来看一个故事，然后我再给你解密最底层的一句心法，只要你悟透了这句心法，相信我，以后在发售路上，你就会一马平川。

有一个普通的创业者叫萌萌，在很多年前的一个社交饭局上，认识了某奶茶品牌的老板，当时那个奶茶品牌还没有多大名气。大家都在聊创业，这个奶茶品牌老板说了自己要做茶饮的构想，于是大家七嘴八舌地给了她一些意见，当然萌萌也不例外。

后来某一天，萌萌约了一些闺蜜一起吃饭，然后有一个闺蜜迟到了，进来的时候手里拿着一杯"奶茶"，就是因为去排队买某品牌奶茶迟到了，然后萌萌就接过话，开始分享当年她跟这个奶茶品牌老板吃过饭，还给了很多有用的建议。

等你分享完，大家投来羡慕的眼光，你也感受到了自豪感，于是那天之后，你在路上看到不同品牌的奶茶店，都会选择提过建议的那个品牌奶茶。

为什么会这样子？请问该品牌的成功，真的跟你有关系吗？

小米让手机玩家提供开发需求，其实真的会把所有需求都开发进MIUI系统吗？当然不会，那么为什么那些提交意见，但是没

有被采纳的粉丝，也会在小米上市后毫不犹豫地下单呢？

记住这句心法：**人们会在参与的过程中，与产品产生情感关联。**

所以，你会发现，在前面的每个发售案例中，我都会让用户回复关键词，或者说出痛苦和梦想，以便我更好地完成课程的打磨，给樊登老师发售也是这么做的。

这里提醒一下，这本书需要前后反复看（很多东西我在一开始没有解密），因为每一次你的感悟都不一样。

四、违约成本

这个太狠了，光这一个知识点的价值，就超过百万。这不是夸张，很多普通人不太喜欢我们动不动就说某个"心法"或者"策略"价值10万或者百万，那只不过是因为大部分人每月都拿着5000元、1万元的工资，他们赚钱很辛苦，而你说赚100万很轻松的时候，他们的确无法理解，也不愿意相信。

他们会想自己这么辛苦、这么努力都没有存够100万，你告诉他们一个知识点就价值百万，他们会下意识反击你，说你是骗子或者"成功学"什么的。

其实，很多人有所不知，我们追求的是科学化的落地方法论，不喜欢虚的。我们不会讨论"成功学"，因为"成功学"只负责煽动情绪，但从不给落地方法。

那么为什么说如果理解了违约成本的应用，价值百万呢？因为违约成本影响着我们人生的方方面面，不仅可以在发售中用于提升转化率，还可以让我们的人生活得更明白，那么什么是违约成本呢？人类有三种成本。

1.时间；

2.金钱；

3.情感。

这个世界一切事物的本质都是成本的博弈。当我们向一件事情、一个人、一个集体投入时间、金钱和情感这三种成本的时候，我们潜意识里都希望能够得到好的回报。

因此，成本就成了影响我们生活选择的核心，如果不太理解，我们来看几个故事。

故事一：勉为其难的婚姻

在中国近几年，离婚率不断增长，但是如果没有孩子，离婚率将更高，并且通常提出离婚的一方，都是在这段感情里投入较少的一方。因为投入越多，就越希望得到好的结果，而投入少意味着违约成本低。

故事二：很不情愿的借钱

你喜欢借钱吗？如果你问1万个人，我猜你得到的答案都是"不喜欢"，但是为什么你又会被迫无奈地借了呢？

原因很简单，因为你在对方身上投入过成本。我有一个同学，从小一起长大，以前几十几十的借，后来几百几百的借，再之后几千几千的借，但从来没有还过。为什么后来他开口，我还会借呢？

因为不想伤感情，而这个感情就是我之前投入的成本。我每借一次，等于继续投入成本。如果不借，我可能不光朋友没有了，钱也拿不回来了，这是本质。

故事三：无法理解的拖欠工资

我是开公司的，从未拖欠过员工工资，但是我身边有好多人被拖欠工资，一开始我想不通，人家拖欠你工资，你怎么还给别人干活？后来我才发现，原来还是违约成本在作祟。第一个月老板拖欠你工作，你愿意继续等。这个时候无底洞就开始了，因为如果老板第二个月还不给你，或者不全额给你，那么你第三个月更不可能走了。你希望公司真的好起来，因为那样你才能拿回工资。

所以你可以看到，违约成本影响着我们的方方面面。在心理学上，很多人把违约成本叫作"沉没成本"。但我认为这种描述不准确，用"违约"更准确。

为何我会有如此感悟？

2018 年，我牵头做了一个项目，原本以为投入几个月时间，开个好头，让团队接手就可以运作下去。结果 1 年耗进去了，中间很多次想回头，但是因为违约成本作祟，自己选择把项目继续做下去。结果到最后损失非常惨重的时候，才选择放弃。其实违约成本我一直懂，也一直用于营销流程的设计中，但是发生在自己身上时，不能像局外人一样有清醒的认识。所以我有两个提醒。

提醒1：不要因为违约成本，而不懂得及时止损（当你感觉无力的时候就停下来，换个方式再开始，因为不舒服的时候，一定是不对的时候）；

提醒2：不要因为违约成本，而不敢于自我革命（想想柯达是怎么破产的，诺基亚是怎么消亡的，而微信是怎么成功的）。

原理，我相信你已经明白了。那么我们在一场发售中，是如何让用户产生违约成本的呢？

在正式解密之前，我们来看看优酷、爱奇艺这样的视频平台，是如何应用同样的原理提升收入的？

☆ 优酷，爱奇艺的赚钱秘密

你可能不知道，视频网站最开始只有广告这一项盈利模式的时候，都是烧钱亏本的，因为服务器、带宽运营维护的成本之高超乎你的想象，后来为了提升收入，他们卖起了会员，而会员量直线飙升的核心是他们推出了两个产品。

1.自制剧；

2.独播剧。

通常的策略是，一部新电视剧，通过大面积的广告宣传、预告宣传，告知上线时间，由于版权问题，只有在特定的视频网站上才能看到。

例如，《琅琊榜》当年就非常火爆，你要看就必须下载爱奇艺App，前7集免费看，第8集开始收费。看似很简单的互联网策略，却是惊人符合人性的设计。以下是平台的具体策略。

1.悬念技术

电视剧的每一集结尾都会留下一个悬念，让你不得不立刻打开第二集。因为你知道答案就在第二集的开头，于是你一不小心又看完了第二集。又有一个悬念，以此类推，你来到了第7集。

2.广告助攻

如果你不是会员，每一集电视剧的开头都会有一个广告，第一集的时候给你看15秒，第二集20秒，第三集25秒，直到第7集，你要看超过60秒的广告，你几乎快要疯了（难受至极）。

3.违约成本

当你打开第8集的时候，提示需要会员才能观看，25元一个月，请问你的选择是什么？这个时候的你：

第一，急于想知道第7集的悬念答案是什么；

第二，每一集的片前广告，已经让你非常难受了；

第三，你无法忍受你投入了时间和情感的事情最后没有结果。

于是你付款充了会员。什么是违约成本呢？就是人类无法忍受自己投入的事情没有结果，一旦没有达到想要的结果，就会很难受，所以相比之下，25元的"代价"就显得可以接受。

这给了你什么启发？这其实跟一场发售很像，只不过一场发售是一套3—5集就结束的电视剧。

☆ 发售编程的灵魂

一场发售是如何展开，并且一步步带领用户抵达成交节点的？

首先，我们通过"鸣枪示警"，暗示用户有一个很牛、很酷、很新的东西（机会）即将出现，由于这个东西（机会）可以铲除用户的痛苦，实现他的梦想，所以他的注意力会被锁定，并且会产生很大的兴趣。

由于你并没有解密如何实现，而是在第一封信的结尾留下了"悬念"，这让他很难受。他为了得到答案，不得不响应你的要求（参与关联），回答问题或者参与研发。

然后在第二封信里，你分享解密了这个机会的原理、实现框架等内容，让用户对你所说的事情产生信任，但你在结尾又留下了新的"悬念"，让用户继续期待下一封信。

这样反复几次后，用户对于你说的东西（机会）越来越清楚，并且越来越想要了，违约成本已经产生，然后离真相只有一步之遥的时候，你说"嘿，朋友，你需要购买"。

这个时候，在你的内容、价值、心理按钮和各种控件的作用下，用户急切等待产品上架后释放购买欲望。

将这一段话代入前面的案例，或者后面我为你准备的3个案例，你会更容易理解发售的过程。

五、预警机制

接下来的这个控件是必不可少的，它的应用会让你的发售更加有确定性，为什么我经常说"发售是不会失败的"？

原因很简单，因为有了预警机制的植入，的确不会失败。至于为什么，读到后面你就明白了。

我想说的是，这个控件是我独家发明的，威力巨大。可以说，没有这个发明之前，你的发售是不确定的，直到你上架产品之前都是"心慌慌的"，因为你不知道会有多少人购买。

大家虽然看起来情绪很高涨，但你内心依然忐忑不安，因为你知道下单才是结果，情绪高涨只不过是过程。

所以，如果有一种方法，可以在产品上架之前就知道哪些人真的想购买，你是不是就没有那么忐忑了？

而预警机制就是解决这个难题的最佳答案。"预警"，顾名思义，就是预先警报，我们可以在产品上架的前一步，让想买的用户浮出水面，怎么做呢？

1. 后门优先

告诉用户，由于想参与的人很多，但是名额又很有限，所以如果想优先于别人拿到"报名入口"，可以回复关键词——后门。你提前一小时把入口发送给他，这样，那些真正想购买的用户就会响应，因为他们担心等正式上架产品的时候，他的手速没有别人快。

2. 特别优惠

你还可以用特别优惠来做检测。无论正式发售的价格是多少，如果你真的想报名，可以给我回复"优先"，我会给你1000元的优惠。对于真正想买的人，省1000是1000，响应度也会提升。

3. 特别赠品

你可以说你手里有个稀有的东西，假如只有20个，但是这次会招募50个人，所以如果你想要这个赠品，可以给我回复"御物"，等报名后一起送给你，只有20个，先到先得。

这样一来，我们就可以提前知道真正想要购买的用户有多少，这个数据是非常重要的，因为如果用户太少，意味着你的发售会失败，你可能要做一些补救措施，然后再上架产品。或者你要调整正式发售的价格和数量，以及你最终的成交主张。这个灵感来自我做程序员的时候。我们知道一个网页上用户的流量进度，或者哪个按钮放的位置点击率更高，其实就是"埋点"，埋下测试节点。这些节点的数据，就可以让我们知道哪里有问题，是不是非常神奇？

由于篇幅有限，我只能与你分享这5个控件，基本上够用了。更多控件可以在《脉冲式发售》中继续学习，下一章我将向你分享有关发售"冷启动"的内容。

Chapter

第八章

冷启动发售：白手起家
必备模型

我直播的时候，经常会有人问我："智多星老师，我是一个新手，名单很少，没有成型的课程的话怎么完成一场发售？能不能出一套新手'冷启动方案'？"

既然如此，那么"冷启动发售模型"今天奉上。这个模型很适合新手或者老手有新品要推出的时候。只要你理解透彻，相信我，你一定会发售成功（只是订单多少的问题）。

先说说这个模型的思路。想象一下，你没有课程，但是你有一个新课程的思路，但是你也不确定这个思路需求是否旺盛。所以先通过与需求匹配的人互动，然后贡献价值，并且成交第一批种子用户。有人买了之后，通过一边创造一边交付的方式完成对这个产品的打磨。重新封装打磨后，再正式扩大规模发布，这就是"冷启动发售模型"的思路，跟其他发售模型不同。其他发售模型都是开始之前就已经创造好了产品，但是这里有判断风险。

因为很多时候，有些老师经常会把自己想卖的产品当作用户想要的，导致产品定位不准确。而"冷启动"的思路不一样，是先测试售卖，再做课程，这样就降低了判断风险。因为一旦发现测试的时候响应不热烈，可以及时调整方向，毕竟还没有投入时间去做课程。

记住一句心法：**永远卖用户想要的，不要卖自己想卖的。**

接下来，我们通过一个完整的案例来学习这个模型，这个模型一共7个环节，具体如下。

1.鸣枪示警；

2.响应回复；

3.上架发售；

4.持续售卖；

5.交付打磨；

6.额外甜点；

7.再次封装。

不难看出前面4个环节是测试并且把课程卖出去，后3个环节就是交付、打磨、封装产品的部分。现在我会通过一步步拆解的方式，让你更容易理解吸收。

第一步：鸣枪示警

鸣枪示警的四个目的，前面的章节已经说过了，所以我们直接举例，我们这次用到的案例是我们准备推出一个成交类课程，但是产品并没有做好，也就是说，只是一个想法，那么如何开始"鸣枪示警"呢？

文章"鸣枪示警"

首先，我们需要写一封"鸣枪信"，参考如下。

标题：解锁成交的艺术：即将揭秘的策略

亲爱的朋友：

你好！

你是否曾经遇到过这样的情况：你有一个绝佳的产品或服务，你知道它能够改变人们的生活，但当涉及实际的成交时，你却发现自己处在一片迷雾之中？

其实，你不是孤单一人。

最近，在微信与许多粉丝私下交流的时候，我发现一个共同的挑战——成交的不确定性。很多人与我分享了个人经历，从中我看到了一个迫切的需求：如何精准掌握成交的时机和方法？

因此，我决定打造一个全新的课程——《成交的艺术：掌握人性和心理算法，实现狙击成交》。

在这个课程中，我将深入探索以下话题：

如何读懂客户的非言语信号，从而预知他们的反应；

掌握话术技巧，即便是在面对最棘手的反驳时也能巧妙转换认知；

学习如何设置完美的交易环境，无论是在线上还是线下；

如何构建一套可以复制的成交流程，让你在任何情况下都能保持冷静和自信。

这门课程还在紧锣密鼓地制作中，但在正式发布之前，我需要你的帮助来完善它。

请扫描下方二维码，私信告诉我你在成交过程中遇到的最大问题是什么？你最渴望解决的成交难题又是什么？

你的反馈对我来说至关重要，它将直接影响到课程内容的最终成形。

作为感谢，每位提供反馈的朋友，我将提供一份独家成交技巧手册《成交按钮》，里面包含了我多年实战经验的精华，可以帮助你即刻改善你的成交技巧。

请记住，你现在的反馈，将塑造一个全新的、能使你和许多其他人打破成交障碍的课程。

期待你的宝贵意见。

最真诚的xxx

不难看出，这封信的目的，是把私域名单中有这类需求的潜在客户"筛选出来"，所以通过"请求帮助"的手法，让用户参与到互动中。

特别提醒：如果你的私域流量比较大，你也可以用表单收集用户的问题。

朋友圈"鸣枪示警"

"鸣枪示警"的核心是"触达"，所以朋友圈也需要"鸣枪"，参考如下。

1.朋友圈文案

每当成交时，是否感觉自己身处于迷雾之中？

如果你对于成交没有确定性，我即将打造的新课程《成交的艺术》或许可以成为你的定心丸。但在正式发布之前，我需要你的帮助来完善它。

请点击下方链接，告诉我你在成交过程中遇到的最大问题是什么？你最渴望解决的成交难题又是什么？

你的反馈对我来说至关重要，它将直接影响到课程内容的最终成形。

作为感谢，我会送你一本《成交按钮》电子报告。

2.收集表单工具

这种表单工具，用腾讯数据、金数据和麦客表单等第三方工具即可，生成调查链接，然后可以直接配朋友圈文案发布，非常简单实用。

群发"鸣枪示警"

触达最重要的动作，特别是私域发售一定要把"鸣枪信"私聊群发给你的所有名单客户。国外是用E-mail做发售，所以他们的名单都是邮件地址，可以用工具直接一键发送给数以万计的"点名邮件"，而国内大部分名单指的是微信。

所以，工作量相比之下要大一些，因为个人微信"群发助手"是发不了链接的，所以只能人工一对一发送。我的方案是请兼职，

当然如果你的客户名单都在企业微信，那就非常方便，可以一键群发。（建议以后都用企业微信）

参考群发文案如下：

某某，我此刻需要你的帮助。

我最近正在打磨一个全新的课程《成交的艺术》，现在特别需要你的帮助和建议，以便我更好地完善它。

为此我写了一篇文章，麻烦你点击查看。

【发送文章链接（鸣枪信）】

第二步：响应回复

"鸣枪示警"后，我们就知道这个方向的课题需求是否旺盛。如果非常不旺盛，你可以直接放弃这个新品的研发（换个新方向测试）；如果响应中等以上，那么可以继续后面的流程。

现在假定你过滤出了一些有需求的潜在客户，现在我们需要通过"回复"他们的问卷这个窗口，来建立专业、权威、信任，以及导入后续成交的动作。

记住，这个发售模型并不能让你直接实现发家致富的目标，但让你完成一场发售是没问题的。

所以，有几十人到上百人响应，其实就可以做发售。现在我们要做的事情，可以分为4个模块。

1.一对一回复；

2.一对多回复；

3.预告发售；

4.排队卡位。

现在我们把4个模块要做的事情，一一列举清楚。

一对一回复

收集完问题后，我们需要针对提问的用户进行回应，回应的目的是实现三个目标。

1.贡献价值；

2.建立信任；

3.树立权威。

在这样的基础上，再铺垫后面的发售，就会变得轻松简单。

这里的回复，分一对一和一对多两种，怎么区分使用呢？其实很简单，当你的私域流量特别少的时候，就用一对一回复；特别多的时候，就用一对多回复。

怎么样为多，怎么样为少呢？区分也很简单。

如果你是一个人带着一个助理做发售，跟我早年一样，那么回复量在50个以内，就是少，超过则是多。通常来说，群发1000个人，或许有50人响应，这里的1000人，是指对你有认知的人，不是乱七八糟加来的人。

总之，不要以为会有50%的人都响应你。用户响应不响应你的问题，跟你的定位、问题方向、认知深度和热度等元素都有关系。如何一对一回复呢？

文字或者语音通话都可以（我个人建议用电话），看看你擅长哪个，因人而异，那么回复什么内容呢？

这个就很重要了，因为你的回复要让对方在有所收获的同时，还能对你的新课程产生购买欲望。有一个回复框架。

1.感谢提问

感谢对方的帮助，送上承诺的礼物。

2.问题方案

针对对方的难题，说清楚问题的核心，并且提供一些解决方法（点到为止）。

3.撕开悬念

在对方感觉有收获后，指出其实成交要做得好，还要处理哪些问题，还有一些什么技术。制造好奇，引发悬念，而这些问题都会在新打造的这个课程中全部解决。

4.预告发售

顺势说明，几月几号这个新课程会开启预售，第一期只招募多少个会员。

5.锁定优先

如果你有兴趣的话，可以提前支付10元占位费，锁定一个优先名额，同时享受1000元优惠。也就是说，到时候我会提前为你开放报名入口，同时无论课程价格是多少，你都可以获得1000元优惠。

案例展示：

用户问：用户来问产品价格，回复后，对方就不再回复了，怎么办？

答：其实这个问题在成交时很常见，你犯了一个致命的错误，怎么说呢？

成交时有一句心法，叫价值不到，价格不报。

你以为用户来问价格就是想购买，但其实对方或许只是来问一下价格，还有可能是他有需求，但是购买欲并没有达到顶点。更重要的是，在没有塑造产品价值前，报价是大忌，为什么呢？

因为在没有塑造产品的全面价值之前，价格对于用户来说没有任何的参照物，你的报价都会让对方感觉贵。所以这个时候，我们需要给对方两个参照物。

第一个参照物就是产品的价值；

第二个参照物就是对手的价格。

所以，下次当有人问你产品价格时，你别急着报价，而是先问对方有什么痛苦，然后你需要放大他的痛苦。并且，展示之前使用你产品的用户发生了什么天翻地覆的改变，这里需要用到"好莱坞电影"技术。

然后用先高后低报价法，再加上一个无法拒绝的成交主张，让对方立刻做出下单决定。

你听明白了吗？

那你想不想知道"成交主张"如何设计？

成交主张其实有一个公式：超级赠品+零风险承诺+稀缺性+紧迫感。

这个技术威力非常大，只要稍微改变你的成交主张，转化率最少翻3倍，如果你想知道具体细节，可以留意我即将推出的新课程《成交的艺术》。

5月18日，我的这个新课程会开启正式发售，第一期我们的小班只招募30位种子会员。

如果你有兴趣的话，可以提前支付10元占位费，锁定一个优先名额，同时享受1000元优惠。也就是说，到时候我会提前为你开放报名入口，同时无论课程价格是多少，你都可以获得1000元优惠。

一对多回复

如果你的私域流量比较大，一对一回复太麻烦，那么就用一对多的回复方案，方法也很简单。

1.建立社群

把响应问题的人都邀请到一个产品打磨群里。

2.问题清单

把大家提交的问题汇总、归纳并整理成一张漂亮的问题清单。

3.私密分享

假如清单上有几十个问题，挑出其中一些问题，做3场私密的直播分享。

4.预告发售

第一场分享后，就预告打磨好的产品预售的具体时间。

5.锁定优先

预告了预售时间后，可以让对这个正式产品感兴趣的人锁定优先名额。可以上架一个10元优惠券或者占位费。

预告发售

分享阶段结尾的时候，都需要预告发售。而预告发售的时候，你需要做三件重要的事情。

1.塑造价值；

2.后门优先；

3.暗示稀缺。

只有这样，你才能让其中一部分真正想购买的用户先举手，这也是确保你发售100%成交的核心按钮。

排队卡位

当你预告发售后，要立刻检测出潜藏在水底的真正用户，让他们浮出水面先举手。

而给用户一个优先报名+优惠，是让真用户举手的最佳方式。

根据产品最终的发售价格，来决定这个优先决策的价格（其实上面的案例展示中已经演示过了）。

特别提醒：这个阶段，你在回复后，仍然可以把回复目标客户的问题写成一篇文章。通过文章，让更多的人加入候选名单。

第三步：上架发售

你可能会好奇，不是说发售从开始到上架一共是4个步骤吗？为什么现在第三步就上架发售了？如果你有这个疑问，那么证明你真的用心阅读了这本书。现在你需要注意的是，发售公式是为了让新人掌握发售原理而设计的，显示是4个步骤，但实际发售的时候并没有非常明确的界限。而在这个冷启动发售模型中，"加速蓄能"和"上架发售"合并成了一步。

也就是说，在现在高效率的移动互联网中，快速激发起用户的欲望后立刻上架产品链接，才是转化效率最佳的策略。所以记住，当你成为发售高手的时候，是3步，还是4步，抑或是6步其实都不重要，重要的是你的发售推进逻辑是符合多米诺思维的。

现在，我们回到当下这一步，需要做3件事情。

1.成交主张；

2.内部发售；

3.外部发售。

成交主张

我们有很多绝密的技术，特别是对于人性的理解与常人不同。我们深刻地知道用户买产品，都不是买产品本身，而是产品给他带来的改变，并且永远要给用户一个买你产品的理由（为什么不买你对手的产品）。

1.超级赠品

有句话是这样说的，用户买的不是便宜，而是占便宜的感觉。所以如果你在用户成交的时候，送一些与核心产品相关联或互补的产品，用户会非常开心，而且只有今天购买才有这些赠品，这就会促使用户立刻决定。

2.零风险承诺

用户购买任何产品时，都有一种心理压力，就是如果买错了，不好用，学不会怎么办？你需要把这种心理压力从用户身上转移到自己身上，给用户一个零风险承诺。

3.稀缺性

发售技术，永远提倡限时限量，只有这样用户才会在你指定的时间内下单，否则犹犹豫豫就是他们的通病。要制造名额稀缺或赠品稀缺。

4.紧迫感

在成交的时候不仅需要制造产品的稀缺性，还需要制造紧迫感，如时间紧迫和涨价紧迫，这样双管齐下，用户的心跳就会加速，订单就会像洪水开闸，一发不可收。

案例展示

此课程第二期的价格是19800元，而现在是第一期，我们会一边上课，一边优化打磨。如果你相信我，那么今天你可以9800元的价格购买这套全新的成交课程，但是限额50人。

超级赠品

报名参加《成交的艺术》课程的前50名学员不仅可以获得完整的课程内容，还可以获得一个精心挑选的超级赠品。这是我专门为本课程开发的"心理触发器卡片套装"，这套卡片将帮助你识别和应对客户在决策过程中的各种心理状态。

零风险承诺

我对《成交的艺术》的效果深信不疑，因此愿意提供一个史无前例的零风险承诺。如果在完成课程后的7天内，你没有感受到明显的成交技能提升，或者你没有看到销售数字的实质性增长，我将全额退款，你无须承担任何风险。

稀缺性

请注意，这个课程及其所有的赠品仅提供给前50名报名的学员。由于这个课程是一个全新的产品，为保证质量和互动性，我们限制了名额，以确保每位学员都能得到个性化的关注和指导。

紧迫感

我们的开课日期迫在眉睫，这个独家报名优惠将在48小时后结束。错过了这个窗口，将无法享受超级赠品和零风险承诺。时间不多了，现在就行动，抓住这个改变你销售生涯的机会！

内部发售（一对一回复）

产品的卖点和成交主张都设计好后，你需要先完成内部发售，再完成外部发售。内部发售是对给你回复的用户先进行发售，外部发售就是公开发售。

内部发售（一对一回复）需要准备邀请函和销售信。

针对提交问题的用户，要制作一对一的邀请函，告知产品正式发售的时间，请对方定好闹钟，你会准时发报名入口给他。而这个入口就是到时候发一封销售信给他，他可以在销售信中下单。

☆邀请函框架结构

1.对方头像；

2.对方名称；

3.邀请内容；

4.时间地点；

5.你的签名。

将以上5个信息设计在一张图片上，每个人都需要设计一张，这样对方会感受到你最大的尊重，对转化有好处。然后要准备一封成交的销售信。

☆销售信框架结构

1.抓注意力；

2.激发兴趣；

3.建立信任；

4.勾起欲望；

5.促进行动。

案例展示

亲爱的潜在成交大师：

你好！

从某种程度上说，每一次交谈都有可能搭建成交的舞台。但是，有多少次我们在这舞台上跌倒了？

您可能知道那种感觉：您有一个惊人的想法、产品或服务，您知道它可以大幅改善客户的生活。然而，当涉及那个决定性的时刻，您的声音嘶哑，手心出汗，最终听到的是一个令人沮丧的"我要考虑一下"。

我知道这种感觉，因为我也曾在那里。

故事共鸣

记得有一次，我站在一个潜在大客户面前，我知道我所提供的服务可以为他们增加30％的年收入。但是，我的话语似乎穿不透那层看不见的壁垒。我在回家的路上，感到彻底的挫败。

直到我遇见了我的导师——销售界的传奇人物"星爷"，他向我分享了一套神奇的成交系统，让我在短短的1个月之内，成为行业内的顶尖成交高手。

客户见证

如今，我与那位大客户不仅成交了，还建立了长久的合作关系。而我想要分享的不仅是成功的喜悦，还有帮助你取得同样成就的具体策略。像李萌这样的学员，通过应用我分享的方法，她的转化率提升了150%，并且现在她正在享受每一次对话所带来的成就感和利润。

激发欲望的梦想画面

现在，想象你掌握了能打破一切销售壁垒的密钥。无论是顶级客户还是日常顾客，你都能轻松引领对话，将他们从潜在客户转变为忠实粉丝。这正是《成交的艺术》课程为你准备的——一个转变游戏规则的系统。

此课程第二期的价格是19800元，而现在是第一期，我们会一边上课，一边优化打磨。如果你相信我（我会把星爷传我的绝学全部加入课程中），那么今天你可以9800元的价格购买这套全新的成交课程，但是限额50人。

超级赠品

报名参加《成交的艺术》课程的前50名学员不仅可以获得完整的课程内容，还可以获得一个精心挑选的超级赠品。这是我专门为本课程开发的"心理触发器卡片套装"，这套卡片将帮助你识别和应对客户在决策过程中的各种心理状态。

零风险承诺

我对《成交的艺术》的效果深信不疑，因此愿意提供一个零风险承诺。如果在完成课程后的7天内，你没有感受到成交技能水平明显提升，或者你没有看到销售数字有实质性增长，我将全额退款，你无须承担任何风险。

稀缺性

请注意，这个课程及其所有的赠品仅提供给前50名报名的学员。由于这个课程是一个全新的产品，为保证质量和互动性，我们限制了名额，以确保每位学员都能得到个性化的关注和指导。

紧迫感

我们的开课日期迫在眉睫，这个独家报名优惠将在48小时后结束。错过了这个窗口，将无法享受超级赠品和零风险承诺。时间不多了，现在就行动，抓住这个改变你销售生涯的机会！

期待在课程中见到你。

最真诚的×××

当然，这封信是非常简单的，如果需要更多实战销售信案例，你只需要把你看书的图片配文案发朋友圈，然后加我的个人微信676319，即可获得电子版。

内部发售（一对多回复）

内部发售（一对多回复）需要准备邀请函和说明会。

针对社群中用户，制作一对一的邀请函，告知产品正式发售的时间，请对方定好闹钟，观看社群内或者直播间的说明会，然后在说明会中发起成交。

邀请函框架，上面已经提供，这里不再重复。接下来讲下"说明会"的分享框架。

☆说明会框架结构

1.自我介绍；

2.发心缘起；

3.实力见证；

4.推出产品；

5.塑造价值；

6.提出价格；

7.成交主张；

8.上架发售。

按照这8个步骤去设计一场说明会的PPT课件，然后在私密直播间进行一场分享，然后直接成交，效果一定会让你印象深刻。

外部发售

当内部发售没有实现你的最终业绩目标的时候，你可以开启外部发售，也就是公开发售。你需要写一封信，拍摄一个视频，说明经过很多天的努力，你的新课程终于完成了，现在可以接受预订。

当然你也可以开启直播，分享一些关于成交的主题，然后在分享完干货后，发起产品的成交。更重要的是，你需要通过朋友圈不断释放产品被购买的消息。

第四步：持续售卖

发售的业绩，通常不是一天完成的，所以从上架到下架这段时间，我们叫"售卖周期"。这个过程中需要持续激发更多用户下单，通常我的时间是7—10天。这一步骤中，有3件事情一定要做。

1.名额消失；

2.增加赠品；

3.放倒计时。

开启内部发售后，你会获得第一批订单，然后你需要对外公开发售。而这个时候，因为你已经有了内部发售的第一批订单，所以就有了朋友圈持续售卖，"滚雪球"的重要素材。

你在朋友圈公开发布的时候，就有了用户真实火爆下单的素材。这里，一共有三种激发潜在客户加入报名的方法。

一、名额消失

在对外公开发售后，你就可以开始在朋友圈发布报名信息了，就是恭喜某人购买了新课程，名额+1。然后是一些塑造价值的话，配上付款聊天截图。

案例展示：如下图

 智多星：私人号不语音

脉冲式发售3.0，第19个名额已被"抢占"！

如果说，什么才是知识付费必学的一门课，那么，这节课就是……

因为有无数伙伴和你一样，也果断报名了三天两夜的线下大课，要来现场感受，什么才是……

集中式爆破的威力！

答应我，听完这个课程，不要轻易传授出去……

2022年9月17日 17:50

二、增加赠品

如果你公开售卖的时间是7天，那么这7天可以分为3个阶段，而每过一个阶段，可以增加一个成交赠品，这样就可以吸引更多的人参与购买。

三、放倒计时

最后两天的时候，你需要不断提醒用户报名要截止了，还要倒数名额，这样用户的紧迫感就会越来越强，你的订单数量会猛增，这个我们测试过无数次，非常有效。

案例展示：如下图

欣燃:文案戏法

《文案戏法》共读营 报名结束倒计时最后4小时

如果说赚钱是在人的大脑中变魔术，那么文案就是魔术师手中的魔法棒，没有它……

你有万般想法都无法落地。一套让你轻松掌握文案，让收入快速倍增的方法，就在这本《文案戏法》里。

2023年7月27日 19:55

第五步：交付打磨

我们这一章开头就说过这个模型的发售思路，即先发售，后创造。也就是说，这个课程是交付的时候同时创造，下面4个步骤就是帮你完成交付的过程。

1.规划内容；

2.选择技术；

3.调查收集；

4.发布内容。

课程新品发售，角度是从0到1跟目标客户一起打磨一个课程，所以跟以往你准备好PPT讲课，讲完就结束不同。这种模式的核心就是真诚+互动，这样做有很多好处，一是用户满意度高，二是用户在这个过程中，参与了产品的打磨，他会对这个课程产生感情，对于后期的下一轮发售心怀期待。

一、规划内容

你需要在正式交付之前，先出一个粗略的课程大纲，然后在群内互动，决定课程内容分享的顺序，并且罗列出每个章节的内容以及对应解决的问题。

二、选择技术

讲课需要工具，如果你不擅长直播，你可以通过社群文字讲课，当然缺点就是容易被人盗用；如果你通过直播讲课，建议你使用腾讯会议或者视频号直播。

这种课程交付，我建议采用直播而不是录播课的形式，因为录播课无法互动，这个非常重要。记住，一个好的产品，是跟用户互动打磨出来的，不能闭门造车，打磨出来的产品更符合市场需求。

三、调查收集

每节课分享结束后，要留出时间让用户提问题，包括课程中没有明白的部分，可以完善的部分，最后要发放一个问卷，让社群的用户填写。

这些意见和他们的感受是你优化打磨课程的核心方向。你还需要邀请用户填写关于下一章节内容想问的问题，以便你更好地准备下一节课。

四、发布内容

每一节课程分享的时候，你都需要遵循以下分享结构。

1.诱惑；

2.原理；

3.方法；

4.案例。

这样的分享结构更容易让用户理解并吸收你的内容，也会迎来比较好的口碑。

第六步：额外甜点

如果你问我让客户买了还买的秘诀是什么，那么我的答案是：额外的惊喜。展开来说是你没有在成交时承诺的服务、赠品等，总之是让用户超出预期的惊喜。所以这一步，有以下4个操作策略。

1.内容分割；

2.加餐分享；

3.实物赠品；

4.流量裂变。

一、内容分割

无论你卖的是什么课程，都记住一点：你需要留一部分内容不讲。当然，你会害怕这样可能会造成用户不满意，不用担心，其实用户从始至终都不知道完整的课程内容究竟有多少。为什么要这样做呢？

因为你需要让用户对你的交付超级满意，你需要超越他的心理预期，所以你需要提供额外的甜点，而这个甜点由加餐分享和实物赠品两部分组成。

二、加餐分享

你需要把原本就保留的10％的内容分离出来，在分享完全部内容之后，给大家来一个加餐，这对于用户来说就是你额外给他准备的惊喜。

三、实物赠品

你可以把这次分享的内容精华整理成一本收藏的册子或者报告，抑或是书籍配导图，总之是有价值的实物赠品，然后签上名送给大家，你猜会发生什么？

四、流量裂变

你还可以额外准备一本书，以他们的名义，送给他们身边的5个朋友，运费你来出，这样你就可以把他们的人脉间接获取过来，花钱买流量很划算。

第七步：再次封装

我们冷启动从0到1创造了一个产品，因为不够完美，所以需要再次封装。当然，一边交付一边打磨的产品更能赢得市场的掌声。因为相比先把课程做好再推出市场，前者更贴合市场，后者往往是闭门造车。再次封装需要以下步骤。

1.重新排列；

2.调整案例；

3.升级导图；

4.设计物料。

一、重新排列

课程交付后，你需要用心地收集用户的感受和建议，然后重新排列课程的分享顺序，建立新的大纲，并且优化课程目录。

二、调整案例

你可以根据第一轮真实的交付情况，优化课程中的案例、故事、见证和表达方式，让课程变得更容易理解。

三、升级导图

你需要根据优化打磨后的课程，设计一张学习导图或者实战流程图，以便后期继续教学。

四、设计物料

你需要重新定义课程的名字，包括副标题，并且你需要设计新的产品包装、视觉锤和教材，把虚拟产品实体化，这是卖课程的精髓之一。这一点我们已经领先市场3年，我从2021年就开始干了。相信我，5年之后，还有很多人不会这个。

只要你鼓起勇气，严格按照上面的7个步骤去实战，相信我，你会取得好的结果。切记，不要过于追求业绩金额。因为很多时候，一场成功的正反馈才是支持你前进的动力。

下一章，我将向你分享一种全新的发售模型——表演式发售。如果你有一个产品要发售，但是没有客户见证，那么这个模型将让你一日千里，让用户欲罢不能。

Chapter

第九章

表演式发售：没有客户见证，
一样轻松做发售

一、表演式发售模型是如何诞生的

2021年对于我来说非常特殊，因为这一年我不仅结束了3年的抑郁症，也开悟觉醒了。我把33人的公司一夜之间解散，只剩6人，重新开始了新的人生，那么做什么呢？

2021年视频号直播兴起，我也加入了实战，通过大量的实战总结出了一套行之有效的直播卖课方法论，进账好几百万。于是，我准备把这套方法论总结成一套课程系统叫《好莱坞直播系统》，然后发售。

但是有一个很现实的问题，这套方法论是我自己研究的，自己很好用，但是从未教过别人。也就是说，没有任何除我本人以外的使用成功案例。如果贸然发售，说服成本会很高，容易被质疑，所以我为此研发了"表演式发售模型"。这个模型可以一边发售，一边完成客户见证，一边赚钱，那么我是如何操作的呢？

第一步：寻找种子

我在直播间问粉丝："你们想不想掌握直播成交的核心？"他们说非常想。然后我问他们感觉我的直播做得如何？他们说非常好。我说其实我做了这么多场直播后，总结了一套成熟的方法论，我准备把它打磨成一个课程。但是，这个方法论我从来没有教过别人，对于你们来说能不能复制或有用，我也不知道。所以我需要10位信任我的粉丝，一起来学习和打磨这个课程。这个课程叫《好莱坞直播系统》，如果正式打磨好，定价29800元。

首先需要注意的是，这个课程是一个不成熟的产品，所以如果你愿意成为我的第一批种子体验官，不需要29800元，只需要9800元即可参与学习。同时我承诺，如果学习完课程后无法赚回9800元，可以全额退款。

这里需要注意的是，我的行业影响力很大，信誉度也非常高，同时我的课程一直都很贵，所以我说打磨好，正式推出的时候是29800元是真实可信的。相比之下，第一批学习的10人只要9800元是非常划算的。记住：价格永远是相对的，不是绝对的。

就这样，我通过直播间招募到了23位报名的粉丝，然后我选了10位最有可能在5天内学会并且变现的老师，其他人全部拒绝。就这样，我完成了第一步，这些种子用户的筛选是非常重要的，是能影响后续过程的。

第二步：转变表演

有了10位种子体验官后，我们就要开始后续的发售表演了。那么为什么叫"表演式发售"呢？谁是演员？谁是观众？谁是导演？后面你就会明白，现在我们回到发售流程中。

这10位学员，他们要来广州线下学习5天的时间。而在他们即将到达广州的前两天，我写了一封信，过滤出了一批对直播卖课感兴趣的用户，然后邀请他们进入社群来"旁观学习"，一共有500人响应。

第一封信的题目为"复盘报告：直播35场，变现超过327万？我做对了哪几个步骤"。

这封信的具体内容，我会在后面提供电子版获取渠道。现在做到这里，10位来线下学习的学员就是"演员"，而入群想获取视频来旁观学习的用户就是"观众"，而我就是"导演"。

那么观众入群后，我们需要做什么呢？

核心是让观众在旁观学习的过程中获得部分干货价值，同时看到这10个人5天之内的转变，这个非常关键。因为这10个人从直播小白变成直播高手的过程就是最好的"客户见证"。

于是，等10人到达广州即将开启5天的学习时，我又写了三封信，让观众看到真的有10人来线下学习了，同时贡献部分干货价值，推进信任，这三封信的标题如下。

信件二：变现超过327万的《好莱坞直播系统》，现场操作大解密！

信件三：还有谁正在被直播的技术、内容、流程、变现策略所困扰？

信件四：你的问题，我的答案！《好莱坞直播系统》1.0的变现秘诀！

当观众看完信件，随着时间的推移，对《好莱坞直播系统》会更加向往。现在剩下要做的，是让观众看到"演员"具体的转变，也就是效果。如果没有效果，一切都白费，这也是我设计的线下课长达5天的原因。

前3天主要是学习全套技术，而后面两天就用来展示他们学习的成果。那么如何展示呢？非常简单，一共10个人，分成2组，第4天和第5天的晚上，每晚5个人轮流在我的直播间上场直播，每人30分钟直播分享，然后卖自己的产品。

就这样，他们都做好充足准备，按照我教的内容，他们全部在我的直播间卖出了他们的产品，直播间的粉丝们也非常惊讶。这些人之前没有直播过，毫无经验，现在却可以有逻辑地完成一场分享并且成交，事实胜于雄辩，这就是最好的客户见证。

到这里，观众心中的担忧就消失了，他们也渴望学习这个课程，开始问第二期什么时候开，那么是时候开始发售了。

第三步：上架发售

当5天课程结束的那一刻，其实就是《好莱坞直播系统》2.0的招募开启的时候，我写了一封成交信，群发给了潜在客户，第二期涨价到12800元，一共成交60人，信件标题如下：

这篇文章，写给想"直播"却不知道如何动手的人！

这个案例，主要是让你明白"表演"的核心，其实这是一种"杠杆"手法，让一群人看到一小群人的真实改变，进而渴望加入，这就是表演的核心。如果你想知道全部流程，你可以扫描下方二维码，关注公众号"智多星"，然后回复关键词"表演"，即可获得此案例完整版"翻页式销售信"流程。

二、适合使用表演式发售模型的行业

首先你需要明白的是，任何发售模型都有限制，一个模型不可能运用到所有产品和行业，表演式发售也不例外。我发明过很多模型，目的是让后辈们更容易复制上手，但是如果你想要成为一名可以"因地制宜"的发售导演，你一定要明白发售原理。

表演式发售，适合以下几类产品。

1.功能性

如果你的产品是功能性的，并且可以在7天左右能够让用户感受到巨大改变和效果，那么表演式发售模型无疑是你最佳的选择，如减肥、美白、化妆、文案、记忆、情感等。

你可以找5—10个种子体验官作为"演员"，然后让另外一群人作为"观众"，而这些种子体验官都在7天内发生了巨大改变，观众自然会向往改变，正式发售的机会也就来了。

如果你的产品要很长时间才有明显变化，或者改变不可视化也不可量化，那么就不适合用表演式发售模型。

2.美味类

如果你的产品是饮食类的，如豆腐乳、红酒、水果等，也可以用表演式发售模型。同样找一小部分人作为你新品的体验官，然后向观众展示体验新品是什么感受，比如这个酒是什么口感，水果有多甜，豆腐乳有外婆家的味道等。

让体验者拍摄视频描述，让观众看着流口水，渴望品尝，那么正式发售机会就来了。

3.挑战类

如果你要挑战7天赚10万现金，一定可以吸引不少观众围观。2022年，我就挑战过7天直播写一本书，超过6万人围观，最后这本书卖了1万本，并且轻松发售几十万。

这种表演，其实就是把自己当作演员。当然挑战的内容多种多样，可以是你自己要完成什么挑战，也可以是你要帮助别人完成什么挑战，这些都可以。挑战成功的那刻，其实就是你发售的最佳时机。

三、表演式发售模型，3个实战案例分享

现在我们一起来通过几个案例来扩展一下表演式发售模型的思路。其实在这种发售过程中，思路清晰，可以分解出具体的步骤，然后安排好时间线，就可以行动了。用到的工具无非就是基

本的文字表达和社群运营的工作，没有太难的。

核心是：你要真诚地表达，以此推进这个过程。

案例一：减肥发售

假如你现在有一个减肥产品，可以实现7天瘦5斤的效果，但是除了你自己，没有其他客户见证，那么表演式发售就很适合你，怎么做呢？其实很简单。

第一步：寻找种子

你可以写一篇文章，说明自己过去两个月体重的改变，插入前后对比图片，然后表达之所以能够两个月瘦20斤，是因为你拥有一种神奇的秘方。现在你想把这种无害并且能轻松减肥的秘方推荐给更多人，并且寻找5位种子体验官。

然后，你把这篇文章发到社群和朋友圈，并且群发给自己的私域所有好友，这样就可以过滤出对这个体验感兴趣的人。进入你的体验社群，这个时候或许有200人对此感兴趣并进入了社群。

随后你需要做一件事情，就是从200人中选出5个体验官，剩下的195人自然成为"观众"。你需要在群里说明，接下来你会用神奇的秘方让这5个人在7天内瘦下5斤，大家可以一起见证他们的变化。

你需要跟这5人达成一个约定，第一，不能透露秘方是什么；

第二，不能中途退出；第三，每天需要在群里展示自己体重的变化。为了更好地约束他们，最好收一个保证金，不需要太多钱，目的是让这5人完成7天的行动。

第二步：转变表演

选完5名种子体验官后，就要开始"表演"了。其实所谓的表演不过就是展示用户"转变的过程"，这个案例中指的是由胖到瘦的过程，那么其他没有被选中的人看到他们的转变，自然就会好奇、渴望。

在这个7天的体验过程中，一定会有人问下一场体验在什么时候，或者这个产品是否可以花钱购买？

那么你的机会就来了，你说几月几号会有一场说明会，在说明会上会发布产品的具体信息，并且会给大家带来一波新福利，敬请期待！然后你只需要用心做好直播预约提醒，准备好说明会PPT和产品链接等即可。

第三步：上架发售

说明会直播成交的概率是非常高的。当然，如果你不擅长露脸直播，也可以采用社群文字分享，用接龙成交的方式也是可以的。

成交的时候，你需要给出真实的福利，例如打5折，并且有特别的超级赠品和服务等。

其实很多时候，发售并没有大家想的那么困难，困难在于思路不清晰，不知道步骤，再加上害怕面对发售失败的尴尬，最终导致迟迟不敢动手。

案例二：探秘发售

假如你有一个朋友做了一种小吃，并且每天摆摊可以赚2000元，然后你告诉他可以通过收徒卖方法论的方式赚钱，但是他不会，需要你来发售这个小吃项目，到时候大家分钱，那么你该如何做？

第一步：寻找种子

你可以写一篇文章，说明最近跟一个发小聊天，无意中发现他在做特别的小吃"炒酸奶"，每天晚上在夜市摆摊竟然可以轻松赚2000元。一个月除去成本开支，竟然可以赚3万纯利润，这引发了你的好奇。

于是，你准备前往苏州，全面了解一下他的小吃是怎么做的，你准备全程用视频记录做分享，如果有人感兴趣，可以扫码入群围观。

然后把这篇文章群发给你的私域粉丝，就可以把想做副业收入的人过滤到你的围观群，这样你就有了一批精准的"观众"，接下来就简单了。

第二步：摆摊表演

当你有了一群观众在社群中，那么这个社群就是你的舞台。你需要做一个简单的分享，然后在群中展示自己买的飞机票，播报你出发的过程，这样会让观众有一个参与感和故事推进的过程。

等你到达后，就说已经跟朋友见面，他让你明天全程跟一天，你把这个过程记录下来，并且发布到群中让大家一起学习。

然后你需要把从早上去市场采购原材料、回来制作的过程，以及人们排队购买的场景都拍摄下来，出摊的时候朋友可以分享一些选位置、人流预判和产品定价的经验之谈。最后，展示一下当天的收入，到这个时候，观众对这个项目就有了一个基础的了解，并且已经渴望自己亲手去试试了。

但是切记，一个人进入新领域的时候都会有条件反射式的恐惧，都渴望有人能面对面、手把手地教，这个时候你就可以收徒了。

第三步：上架发售

当人们亲眼看见收入后，渴望自然会产生。如果想深入了解，那么一场"说明会"就是观众想要的。定好一个时间，做好直播预约，放出收徒产品链接，然后做好说明会PPT，来一场演说路演，最后招收学徒。

这样就完成了一场轻量级的表演式发售，2019年我就用类似的思路做过一场发售，24小时进账450万，客单价3万元。

案例三：橙子发售

接下来分享的这个案例很精彩，是心雅老师在2023年11月操作的一场发售。

事情是这样的，她有一个学生是卖橙子的，心雅老师决定通过发售橙子来一场表演式发售，并发售自己的"百万计划策划师"课程，你是不是有点蒙？到底是发售橙子还是发售课程？

是心雅老师帮助学员发售橙子，同时心雅老师告诉自己的其他粉丝说："我要发售橙子了，你们想不想观摩我是怎么发售的？"如果你是一个创业者，那你肯定想知道。怎么观摩呢？

很简单，买一张门票即可，这张学习门票200元，买了之后有3大权益。

1.购买门票，可以观摩橙子发售过程；

2.购买门票，送你20斤橙子；

3.购买门票，可以参加最后的橙子发售复盘解密会学习。

最后橙子卖了16000斤，大获成功。思考一下为什么要这么做？其实很简单，我说我发售技术很厉害，不如让你亲眼见到我是如何做的，这种眼见为实的力量大于一切证明。

等橙子发售结束，心雅老师就开启3天的直播复盘解密会，在复盘解密会中成交自己后端的"百万计划策划师"课程，成功变现60多万。不知道你看到这里有没有一些启发，说实话，发售真的很好玩，抓紧时间加入我们的队伍吧。

接下来，我将向你分享这几年最高效的发售模式——直播间发售模型。目前从我们的数据来看，"直播间发售"效率>"社群发售"效率>"纯文章发售"效率。下一章，我给你准备了几个简单有效的直播间发售模型，相信一定可以帮助你快速变现。

Chapter

第十章

直播间发售：超级个体的
发售秘密武器

　　这几年直播的火热，给知识付费创业者带来了巨大的红利。直播间的确是一个很好的"场域"，一个方便沟通、制造情绪、引发舆论和快速成交的场域。

　　我的直播历史是很久远的。2014年的时候我就已经用YY直播在讲课了（PC时代）。现在有一部手机，随时随地都可以直播，人口红利一下子再度被释放。现在人们大部分时间都被短视频和直播占据，这也使得发售载体产生变化。

　　2018年之前，我们核心的发售载体是朋友圈+公众号，现在微信里面最有效的发售工具是企业微信+社群+直播，朋友圈和公众号只是在配合宣传而已。

　　接下来我要向你分享两套直播间发售模型，简单实用。

模型一：三步连环模型

直播间发售模型①

首先你需要确定你最终要卖的产品是什么，假如是《人脑成交戏法》，价格9800元，那么我们需要在成交之前设计3场分享主题的直播，这3场直播是免费的，主题如下。

1.《人脑认知的8大漏洞》；

2.《人脑成交的5大按钮》；

3.《用人脑漏洞，成就百万身价的3个小秘密》。

准备好这些核心内容后，我们就可以开启一场直播发售流程了。

第一步：全力拉直播预约

我们需要告诉私域名单的用户，我们几月几号有一场为期3天的精彩分享，主题是围绕如何成为一名人脑魔术师，轻松赚钱，潇洒生活。感兴趣的人可以扫码预约视频号直播间（记住工具会随着时代变化）。

我说过"鸣枪示警"的核心之一是"触达"，所以拉直播预约要全力+全方位，例如：

1.朋友圈主题预约海报；

2.社群公告文案+海报；

3.公众号发布预约文章；

4.私聊群发微信好友。

目的只有一个，把所有的流量都集中到直播间。通常来说，大直播活动最少提前5—7天导入预约；如果是普通的直播主题，提前一两天即可。视频号直播预约，当你开播的时候用户会收到微信弹窗提醒，所以进入率高。

第二步：用心地去分享

这一步的核心是通过真诚的分享，展示你的专业、你的故事、你的权威和你的见证，来获得用户对你的信任。当然同时你要控制好分享的程度，并且制造一个巨大悬念，然后说"明晚继续分享"。

你需要让第一天来听直播的人第二场直播继续来。视频号直播有个"全部预约"功能，你需要用好它。也就是说，如果你创建了10场直播，那么用户预约一次就可以每场都收到提醒，非常棒。

第二场直播用户来了之后，你需要继续跟第一场一样继续分享，然后在直播的最后漏出你要成交的产品名字，但是不要报价，只说效果，不说原理也不说价格，只需要吊起用户的预期即可。然后卖一张"优惠券"，什么意思呢？

就是说第二场直播的时候，你就说要想系统、深入地学习，成为一名合格的人脑魔术师，需要学课程，我有一个系统的课程《人脑成交戏法》。然后描述学完这个课程能够带来的效果（这些效果最好用类比、隐喻的方式表达）。

然后说如果你想参加，现在可以花100元购买一张抵扣1万元的优惠券。因为这个产品最终封装好还要等到明天，所以最终多少钱我目前不确定，可以明确的是，无论明天定价多少钱，你都可以用优惠券抵扣1万，但是这个优惠券有效期只有3天，产品一旦正式发售，将没有优惠。

这样做的目的是给用户制造稀缺性和紧迫感，同时给优先行动的人一个特别福利。这样的设计，可以在正式发布产品之前，先检测出有多少人想买你的产品，因为100元购买的优惠券是不退不换的，如果有人真的购买了，那么大概率他是非常想要你的产品的。

接下来继续留下悬念，并且塑造第三场直播的价值和内容，让用户超级期待，为了让用户保持高在线率，直播不要设置回看功能。

第三步：上架发售

第三场直播依然需要你做好充足的准备。一般来说，你要设计好直播的内容结构，什么时候解除用户的心理抗拒点，什么时候跟成功学员连麦，连麦多少分钟，见证的侧重点，以及什么时候滑入成交，产品价值如何塑造，成交主张如何打造等。

特别是发起成交的时候，节奏一定不要错，不要乱。因为通常你成交的时候，在线人数会下降，并且用户下单是有个过程的，所以你必须有清晰的认知，否则可能会导致你内心崩溃，想快速逃离尴尬的局面。

直播成交有一个隐形的核心，就是"情绪能量"。你需要在发起成交之前把用户的情绪+欲望彻底点燃，然后在直播间观众反应激烈的时候发起成交，订单就会非常多。如果这点没有做好，你会发现订单进入得很零散，而你就要面对巨大的压力。

所以在直播之前，需要花很多时间在如何点燃情绪和欲望的设计上。用什么隐喻的表达方式，可以燃起他们想要的画面？思考他们想要的理想状态是怎样的？他们真正想要的是什么？

这里给你一个成交节奏图。

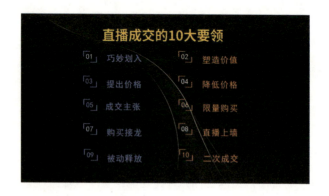

按照这个节奏步骤去做，多做几次后，你的心态就会稳如泰山。务必记得在成交之前测试购买链接，这是非常重要的核心，不然很容易让你前面的努力都付诸东流。

上面这个模型并不难理解，其实就是把"翻页式销售信"改装成了"翻页式直播"，区别就是直播对于发售者的挑战更大一些，并且每场直播要输出的内容也比信更多，但是原理并没有改变。

所以，你只需要谨记"鸣枪示警"的原理，以及预热蓄能和加速蓄能的时候核心要件是什么。设计的时候，思考下有没有做到；如果没有，如何才能做到？例如，这里的"后门优先"，用的就是"优惠券"检测法。

模型二：一步到位模型

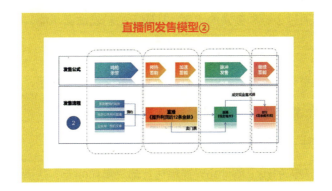

这个模型与上面那个模型有一点区别，模型一是通过3场免费的直播发售一个高价产品，而模型二是通过一场直播直接卖一个低价的产品，然后在私密交付低价产品的时候，再成交高价产品。

接下来，我会用我老师的一场发售，向你分享这个发售流程，最终要成交的高价产品是10万元的《现金魔术师》，这样的高价产品如果没有任何铺垫直接卖，难度太大，但是有了这个发售流程，一切都变得很简单，最终成交1000多万。

第一步：全力拉直播预约

这里的逻辑跟上面一样，先通过海报、社群和文章把粉丝导入一场直播预约，这场直播的主题是《提升利润的12条金脉》，直播预约人数超过5000多人。

第二步：直播卖门票

到了预定时间，开启直播分享主题干货，然后在直播最后推出一堂课程叫《现金魔术》。当然这里的塑造价值策略很关键，我的老师通过金脉和金穴的比喻，让收听的粉丝欲罢不能，这个课程1000元，就一场直播。

这里你可能有疑惑，一场直播交付的课程卖1000元，真的有人买吗？答案是有。瞬间超过500人购买，为什么呢？

记住：贵是相对的。

很多人的线上交付30天课程估计都只卖1000元，这里相对的是群体以及影响力的差异，还有欲望拉升的能力。所以，如果你的群体消费力弱，并且你的影响力不够强，你的产品客单价估计就是100元。

第三步：发售高价产品

把购买了1000元课程的用户拉到一个社群，再通过私密直播来交付《现金魔术》这个课程，在课程分享的末尾时再推出《现金魔术师》这个产品，价格10万元，这真的能成交吗？

当然可以，我老师提出了一个大家都无法拒绝的主张，就是先支付1万元，加入《现金魔术师》计划，然后赚到100万后，再付9万。这样，一瞬间超过140多人下单购买。

你会发现这章我给你分享的都是思路，因为我认为发售的核心是思路。呈现形式是多种多样的，但万变不离其宗。我要跟你分享一个很重要的观念，就是如果你要做长线直播发售，一定要配合"社群空间锁"。

如果你是直接把流量导入直播间的，这里就有两个风险。

风险一：直播突然中断。

直播的过程中，有可能因为技术、信号、违规等因素突然中断，而你还没有发起成交，那么你再开播的时候，原本的人很难再进入。

风险二：成交出问题。

视频号直播的时候，卖产品都需要用到视频号小店，而视频号小店的新店，如果瞬间出现大量相同订单会被封，现在还有额度限制等问题。

这些风险一旦出现，你的付出就会前功尽弃。但是如果你在直播之前，把这些潜在客户放入一个社群中，这些风险就不再是问题。因为等再次开播，只需要把链接发到群里，人们就可以再次快速进入。也就是说，"反脆弱能力"更强了。

或许在未来的3年内，直播发售还是非常主流的成交工具和场景，而随着科技的发展，未来一定会出现更强的场景转化工具，让我们一起拭目以待。

无论未来如何发展，对于我们来说适应工具即可，发售的思维是永远不变的，我们要以不变应万变。

接下来，我要向你分享的是与直播间发售类似的一种新发售方式，我把它叫作"会议厅发售"。这种发售方式对于培训行业来说是超级武器。

Chapter

第十一章

会议厅发售：高转化发售工具

一、会议厅的 5 种独特发售优势

会议厅发售，其实跟直播间发售很像，但是转化率却更高，为什么？因为它有超越直播间的5种独特的优势，而这5种独特的优势会让会议厅发售成为未来3年内比较吃香的模式。其实我们已经偷用了好几年了，今天分享给你。

我们这里说的"会议厅"指的是线上会议，更准确地说是"腾讯会议App"，我们来看一下腾讯会议App的使用界面。

那么会议厅相比直播间具体有什么独特的优势呢？

优势一：稳定性

会议厅内可以聊一些各大平台不会说的内容，如易经、减肥、金融和医疗等话题，而且你的会议厅不会因此而关闭。不仅如此，即便你是会议厅发起者，也不会因为你的网络掉线而导致所有人离开会议厅。

假如你的手机发热、网络中断或者死机，你只需要重新进入会议厅即可，所有观众都在，只是中断的期间他们听不到你的声音，看不到画面。

优势二：预报名

腾讯会议新建一个会议厅的时候，有一个选择，就是可以设置报名。没有提前报名的人在会议开始的时候，是进入不了会议厅的，而报名的名额是有限的，这就是稀缺性。

当用户有了自我报名这个行为的时候，首先，他自己会认真对待这个事情，有记忆点；其次，腾讯会议会直接跟你的日历功能打通，当会议开始的时候，你的手机会有提醒，这样一来在线率就有了保证。

优势三：存在感

如果你问人类为什么活着？答案是：为了获得存在感。而会议厅模式会把每个参与会议的人的存在感都放大，而直播间在这方面的功能很弱，怎么理解呢？

如果你待在一个直播间不说话，那么这个直播间里的其他人就不知道你的存在。如果你说话，你的存在信息就是你的昵称+一句话。这就是很多人喜欢在直播间刷个礼物，让主播说一声感谢某某的原因，其实就是刷存在感。

然而，只要你进入会议厅，你不用做任何动作，也不用说话，你的头像都很大，而且在第一屏（算法会把每个人都放自己手机的第一屏），重点是跟大咖在同一画面。

好比现在我用PS给你做一张海报，把你和你的偶像合成在一起，然后发朋友圈，你会有莫名其妙的"多巴胺"分泌出来，但其实你跟他并没有在一起，那你为什么那么爽呢？

好好感悟一下，2019年我策划过一场超过4500人的线下大会，当时我就用这招杠杆了200个人帮我卖票。

优势四：参与感

"直播"和"会议"是两种不同的入脑路径。直播像是人民广场上有一个人在卖艺或者发表演说，你逛街看到了，可以选择停下脚步来看，选择离开，或者离开后再回来看都可以，而会议不同。

会议就像一家公司，领导发起了一个会议，几月几号几点几分在会议厅集合讨论一个方案，然后到了那个时间大家进入一个房间。会议厅在认知上是一个封闭的空间，这个时候即便你想上厕所，或许也会忍耐一下，不敢轻易地离开会议厅。

重点来了，会议会放大每个参加者的"参与感"，即便你没有说话，但是你的确参加了这个会议。而你逛直播间就不会有这种感觉。

会议厅的互动是可以语音+视频的，而直播间只能发文字，如果要连麦会非常麻烦。你发现没有，细微的软件设计差别，会造就不同的心理优势。

优势五：在线率

直播间的在线率是很难稳定的，由于人进进出出，你根本不好判断最开始的在线1000人，和你直播接近尾声的时候那个在线1000人是不是同一群人。

例如，你在人民广场唱歌，你唱了一小时，最开始唱的时候有50个人围着在听，然后中途有人离开，有人又加入，最后你结束的时候还有50个人围着，问题是这50人可能已经不是最开始的50人了。

这有什么问题吗？

如果你是娱乐主播，问题不大。但如果你是一个知识主播，那就是天大的问题。因为这意味着你的观众不是连续性的，如果用户没有完整听完你一小时的内容，他大概率不会购买。

更重要的是，你没有办法做数据判断。假如你直播一小时卖了10单，那你这个转化率该如何计算呢？转化率=订单数/成交时的在线人数，如果你成交的时候在线100人，其中有50人是你准备成交时才进入直播间的，那么实际上只有50人从头听到尾。从理论上来说，你的转化率应该是10除以50，也就是20%才对。会议厅会有这些问题吗？

不会有，因为会议厅有一个功能叫"锁定会议"功能，什么意思呢？这个功能在你开启会议后，等大家都到了，你就可以开启了。一旦开启后，会议厅内的人就只能出不能进了。

试想一下，你开启的时候，在会议厅说现在要锁定会议厅，只能出不能进了，那么有人敢出吗？有。但是，那些敢出去的人，一般是对你的分享不感兴趣的人。

这反而有个好处，就是你可以明确知道有多少人是从头听到尾的。我们测试过，一个500人的会议，一旦锁定会议后，最多50人离开，而有450人左右全程参与，这对于知识付费创业者来说太重要了。

这就是会议厅相比直播间多出来的5个独特优势，当然也有两个缺点。

缺点一：需要额外下载App；

缺点二：会议厅内上架产品，需要额外购买一个会议活动模块，一年8990元。

第一个缺点，在微信内目前没有什么阻碍，第一是因为腾讯会议很多人有，下载也不难；第二是即便不下载，也可以通过小程序模式点击进入。

第二个缺点，对于收入不确定的老师来说是有一定阻力的。但是对于有支付能力的老师来说不是什么问题。目前看来，会议厅发售壁垒更高一些，因为不像直播间那么便宜和普及。

关于如何在"腾讯会议"中上架产品，这里不做展示，因为工具的功能总是变化的。如果你有需要，可以扫描下方二维码，加我企业微信咨询，我们会为你提供最新的实操方式。

二、会议厅发售实战思路讲解

会议厅发售，从流程思路上来说与"直播间发售"很像，你可以参考上一章的内容，这里我做一些额外的补充。

第一点：空间锁

会议厅发售，一定要通过"鸣枪示警"过滤出相对精准的潜在客户，否则进入会议厅的时候容易出现捣乱的人，所以我建议一定要收费，小额即可，比如几十到几百，根据你的人群和你的影响力决定。

而这个收费，最后不要从"学费"的认知路径进入，最好是从"保证金"和"门票"的入脑路径进入，至于为什么，你需要自己感悟一下。我写这本书的目的是希望在教会你的同时，引发你更多的思考。

第二点：设悬念

会议厅发售的核心之一就是在线率，而付费可以有效提升在线率。但这还不够，我们需要再加一个收费，就是在开始会议分享之前，预告会议的内容，就像电影上映之前会发布预告片一样。预告片的目的只有一个，就是创造好奇，制造期待。

我们发售的时候也一样，如何实现呢？通过"设置悬念"的方式。在正式开始会议之前，我们需要拍摄小段的短视频来预告这场会议的价值和收获，并且留些悬念，这样在线率就会高。

人的行为受付出的成本决定，同样的课程内容，花100元买的永远学不会，花1万买的立刻成功，这就是秘密。

第三点：可视化

会议厅有个好处，播放PPT和播放视频都非常容易，而在直播间就比较麻烦，所以会议厅发售的时候，要多用这两个元素，不要仅靠一张嘴巴，这样效果会大打折扣。

会议厅发售在科技发展的情况下还会改进，或许3年，或许5年。总而言之，未来的发售之路会越来越简单，效率会更高。而拥有发售思维的人，可以在下一个商业周期内活得轻松潇洒。

接下来，我将向你分享未来10年的发售方向。AI自动化发售离我们并不遥远，苹果MR设备的推出会影响什么？

Chapter

第十二章

AI+MR 发售：未来 10 年必然要
把握的发售模式

一、AI 自动化发售，新时代创始人的财富红利

AI的认知在2023年随着ChatGPT的发展，已经在所有自媒体、新闻上得到了全面普及，并且AI的进化速度的确超过人们的想象。写代码、设计、拍摄视频、写报告、数字人、换脸和声音模仿等都已经逐渐成熟。

那么这些科技的发展，对于发售会有影响吗？

答案是肯定的。不过这些影响都是好的，因为AI的进步会让发售的效率变得更高、更轻松，并且更自动化。新时代即将来临，你需要提前做好准备。

有人问我为什么做知识付费这么多年，影响力始终非常稳定？我的秘诀是"永远领先市场3—5年"，这样才能跨越商业周期。

现在互联网创业者都深刻明白一个道理：私域流量非常重要。目前的核心都是把流量汇聚到微信里面，或许5年后有什么革命性的产品会替代微信，但是这并不重要，哪里有大量的人汇聚，并且可以实现点对点通信，你就去哪里搭建私域架构。

（一）AI+微信会对发售造成什么影响

试想一下，你把你写过的文章、拍过的短视频和写过的书，还有你的业务产品资料全部发给AI，AI就可以接管你的客服系统。

无论你从哪个平台引流到微信中，微信都会自动与这个粉丝开启对话，而这个对话跟你真人回复一样，对方看不出来。

当然这只是开始，2024年就有可能实现。这样的设计可以大大提升你和粉丝的黏性，等发售的时候，你写好一篇"鸣枪信"，以前你需要手动挨个发给微信好友，现在你只需要给AI一个指令即可，AI会帮你快速完成这一切。

更重要的是，用户看完信后，给你回复666或者提交问卷之类的，AI都会第一时间给予对应的响应。然后给对方发一些能制造悬念的内容，让对方等待下一段视频，或者自动邀请他们进入一个社群。

更加震撼的是，假如有1000人响应，你可以让你的AI数字人自动替你为每个人录制一段独立的视频，这样对方会感受到极大的尊重感。试想一下，你后续的在线率会如何呢？

这些东西我们在2023年就已经投入资金研发了，等我们内部使用稳定了，我们会有偿为有需要的创始人提供服务。

由于我以前是一名工程师，所以这套AI系统是融合了过去8年的私域运营+发售经验而定制的一套系统，相信有可能在未来成为划时代的产物。也就是说，你只需要在这个系统中设计好你的发售流程，然后按一个按键，就可以休息了，现金会在你的流程跑完后自动进入你的账号。

（二）AI 语音电话自动讲课收钱是一种什么体验

AI电话，不知道你有没有接到过，现在主要应用在快递签收提醒、电话销售，还有电商加粉等领域。现在我们可以克隆自己的声音，然后跟AI结合，再加上人工智能的对话能力，就可以实现一种全新的效果。

假如你现在开直播，卖了一个新课程，是一个前端课，客单价100元3节课程，一瞬间有300人报名了，这个课程怎么上呢？若是打电话给客户讲3节课程，你可能会说疯了吧？打电话上课，300人的工作量太大。

其实不用你打电话，AI会克隆你的声音，然后自动给客户打电话上课。这种上课不是电话打通，一个人滔滔不绝地讲个不停，而是像真人打电话一样，中间可以互动和提问，在课程结尾给对方制造期待，并且约好下一节课的时间。

等第三节课结束的时候，可以追销一个更贵的产品，如3000元的一个线下大课。你知道这意味着什么吗？

这意味着你只需要提前设计好这些内容，然后直播卖课，用户买了之后，所有流程都由AI帮你完成。这简直太棒了。

还有没有关于AI更多的可能性？当然有，但是由于字数的限制，我只能点到为止。你可以举一反三，自己多研究思考一下。

亲爱的朋友，未来的发展真的很快，如果你想活得轻松些，记得核心是让自己具备不可替代性，而人类真正不可替代的就是独特的思维。

二、MR 虚拟现实，超感发售即将成为现实

2024年1月，苹果的Vision Pro发售上市，意味着虚拟现实的革命性时刻到来了。这款划时代的头戴设备就是MR技术科技产物，那么这个技术对于发售有着什么样的作用呢？

关于这个设备是什么，我建议你可以打开抖音搜索一下，看看真实的视频效果，现在我要跟你聊的是"超感发售"。

试想一下，粉丝不再通过手机屏幕看到你有限的直播画面，而是"面对面"坐在你面前听你分享。他可以看到你周围的一切信息，声音有近有远，然后你要上架一个产品，对方的眼睛前方就会出现一个立体的产品样子。

如果你要购买，只需要打一个响指就可以确认支付。因为你的支付已经与设备绑定了，而支付的确认就是打个响指，是不是非常神奇？

这个设备的诞生，会改变现在的直播模式和会议模式等一切形态，有人可能会说这个设备看起来还很贵，并且比较重，普及度可能上不去。基于这个问题我想说的是，只有用发展的眼光看问题，你才能领先对手。

顺着升级迭代，这个设备会从2.5万变成几千元，并且越做越小，那个时候就会全民普及。毕竟他给人类带来的体验快感是手机和电脑不能给予的。而现在第一批拥有者一定会是有消费力的人群，所以高价课程和产品的发售可以先做起来。

现在是2024年，预计3年后，MR发售会迎来历史性的时刻，我们一起期待吧。

接下来，我需要跟你分享一下发售技术以外的话题。过去8年的发售实战中，我创造了不少的江湖传说，而每一次都来自我的颠覆性创新。那么创新有什么秘诀吗？下一章我将全盘托出。

Chapter

第十三章

发售创新的秘密

　　我知道现在互联网的主流思想是"抄"，而不是创新，这里我需要分享一个非常重要的认知。

　　抄，我并不反对，但你不能因为抄的惯性，而封闭了创新的大门。任何一个人进入陌生领域，去模仿前辈的模式都是没有问题的，因为只有这样你才有机会先活下来。

　　可很多人靠抄获利后，就想直接得到一个答案"捡现成"，干吗要去创新发明，等着抄即可。

　　如果你是这样想的，你或许在短时间因为某些事情上的抄袭而获得一些利益，但是从长期来说等于"慢性自杀"。等你反应过来的时候，你会非常痛苦，而且无能为力。

　　一直以来很多人抄袭我的东西，2017年就有人抄袭我的模式赚钱，而我用了这个模式3次后就去创新模式了，可抄袭的人一直在使用。他们的确赚到很多钱，但是等他还沉浸在复制的快乐中时，时代已经悄无声息地抛弃了他。

　　我依然在一线活跃，而那些曾经抄袭我的老师都退出了历史舞台。或许他们还剩下一些现金，但是新的事业方向对他们来说举步维艰，因为我始终主张创新，你可以在创新的时候借鉴别人的一些想法，而不能主张只抄不创新。

　　如果这个世界都不创新，那抄谁呢？短期的时候，很多人会因为抄获得了利益而去耻笑那些"创新者"，这种价值观如果成为主流，那么无疑是现代创造者的慢性毒药。

永远不要因为抄的惯性，而封闭了创新的大门

在商业世界里，要想异军突起，逆风翻盘，靠蛮干肯定是行不通的。你必须学会创新，三岁小孩子都懂，但是怎么做呢？

从小学到大学，父母没有告诉我们，老师也没有。

你说这是不是最大的可悲？最重要的东西，竟然没有人教我们。

那么如何创新呢？过去19年，从美术、舞蹈、魔术、黑客，到营销策划、发售，我还真的摸索出了一套有效的创新思考方法论。

首先你要明白一点，这个世界不存在绝对的创新，只有来自不同事物之间的组合和排列。

创新公式 = 多维度 + 组合 + 排序。

说起来容易，但是如何才能源源不断的创新呢？如何做到想创新就创新呢？有两个重点。

第一：放空独处

你需要换个陌生的环境独处，远离手机，最好的方式当然是旅游，而且最好一个人，顶多跟个同频好友，否则没有意义。

为什么只有独处的时候，创意才会涌现呢？这就是大脑的结

构导致的，人在惯性和规律中，是没有办法创新的。

所以你就知道，为什么艺术家都很孤独，这也是创新的代价。如果你发现一个人情商很高，一天到晚都在搞社交，很热闹，那么可以证明，这个人绝对不是创新人才，可能是管理和业务人才。

第二：累积数据

我必须告诉你一个真相，你要的答案，永远都不可能在你自己的行业里找到。解决你的困惑，行业诟病的方法，都不在你的行业内。

还有，永远不要相信你行业龙头的方案是最优方案，也不要妄想模仿龙头的做法，还可以超越他，这是不可能的。

创新是永无止境的，随便举个例子。

玻璃瓶的啤酒，过去很多年，开瓶要么用牙齿，要么用打火机、筷子、桌子的角，还有开瓶器，对吗？

看起来也没有什么，但其实是有痛点的，就是一个品牌可以发明"拉提"设计，让用户不用借助任何第三物体来开瓶。

那么我问你一个问题，你有买过书吗？新书表面都有一层透明的塑胶薄膜，请问你每次是怎么开的？

反正我每次都要用指甲，很费力地划开，我想你也因此痛苦过。那么为何就没有人想着把"香烟"开塑封的方式，用到书的塑封上呢？

你看，这就是书行业的创新机会，千万不要小看这样的创新，电商行业有一家纸箱龙头企业，就是用了这一创新，直接成为亿万富翁。

以前我们开箱，都要用剪刀等工具，而这家的纸箱，有一个像拉链一样的设计，打开的时候非常方便。

既然创新来自不同行业，是不同维度的组合+排列，那么首先你需要累积不同行业的数据。

也就是说，从现在开始，你不得不时刻观察不同事物的细节，不同行业的商业模式，以及创意背后的思考。

创新的可能性，本质上受你数据储备量的影响，如果你大脑里就3个元素，那么组合来，组合去，都是有限的，但是如果你有100个元素呢？

结果就不言而喻了！

千万不要忽略那些与你没有关系的行业，往往那些地方才是真正灵感的来源。我曾经就用魔术中的一个原理，放到了营销流程中，让转化率高达70%。

那么如何发现这种组合呢？不得不说这是真正的秘密所在。

听好了：你遇到的问题，你不是第一个遇到的，也绝对不是最后一个遇到的。而且大多时候，你行业的问题，在别的行业反而不是问题。

所以也就是说，你只需要把你的问题列出来，然后找到你这个问题在别的行业的解决方案，拿过来用即可。

举个例子：

知识付费行业面临一个巨大的问题，第一是传播受阻问题（推广给朋友，朋友会恐惧），第二是流量问题。

在微信里，裂变几万、几十万、上百万流量都有可能，不过"亿级"流量是不可能的。

但是你会发现，这两个问题在"影视行业"根本不存在。你分享电影、电视剧、综艺节目给你的朋友看，他会反感吗？

答案是：不会。

而且你随便点击一个综艺节目，观看人数都是过亿的。那么好了，我们找到了完美解决方案。

现在只剩下一件事情，就是把综艺节目跟知识付费巧妙地融合在一起即可。于是，我就发明了《综艺化知识付费》的理念。

我2021年，就在用这个创新去革新知识付费行业。如果我还是用一个老师，录制一门课程，然后搞流量、销售，那么我永远没有机会超越樊登读书和得到。

但是我换了一套路径，而且是完全不同的路径，那么就有机会，这就是创新的魅力。

那么如何让裂变自动化呢？

那么思考一个问题，世界上有什么东西让人最上瘾？相信你有答案了，就是游戏。那么能不能把游戏也跟我们的项目结合呢？

按照这个思路去思考，你就可以快速找到解决你困境，来自不同维度与行业的方案。剩下的只有一件事情，就是组合+排列。

所以如果你想拥有源源不断的创造力，那么我建议你多阅读跨领域的书籍，以及每年学习一些新爱好。在这个过程中多去观察，你不仅可以悟出很多不同行业之间相通的道理，而且还可以冒出很多独特性的想法。当然你永远要记住"聚集"二字，你跨领域的学习不是为了让你跨行，你所有的目的最终都是为了回归主业，给你的主业赋能。

发售要想玩得好，并且创新多，你需要关注以下几个领域的书籍。

1.心理学；

2.脑科学；

3.游学设计；

4.影视小说；

5.商业模式。

这些领域的研究，会让你产生很多发售的新想法，融合在一起，创新自然产生。相信我，你也可以的。这个时代，人们最缺的能力就是"定力"，其他能力看起来很重要，但是如果没有"定力"作为支撑，其他能力都毫无价值。

你现在看到的这本书，是我在过年期间写完的。速度之所以可以如此之快，其实是因为定力。我坐在凳子上的那刻，其他所有的事情都不在我脑中，我只有当下写书这一个念头。千万不要离开了大学就不再看书了，学习是终身的。

接下来，我要与你分享从新手到完成一场"百万级"发售的核心秘籍，这都是我经验之谈，相信对你一定很有帮助。

Chapter

第十四章

百万发售通过指南

如何能够通过发售年入百万呢？又或者说一次发售就进账百万呢？

我知道对于大部分知识付费的创业者来说，这是无法相信的。但我实话告诉你这并不困难，困难的是你没有用对方式。

过去这么多年，除了刚出道的那一年，后面每场发售几乎都过百万，2022年我的结果是一场420万，一场727万。那么"百万发售"的秘诀到底是什么呢？我给你三个指南，如果你不遵循这个定律，那么抱歉，你可能虽然努力，但是收入就在几十万徘徊。

下面内容能否实施，有一个前提，就是你已经懂发售了，如果你还不会，可以参加我的品牌课程《脉冲式发售系统》。

发售从 5 位数提升到 7 位数的三个核心指南

接下来我要分享的三个指南，是让你从5位数一次提升到7位数的发售秘密。

一、流量裂变

一场发售的金额跟"流量/转化/客单"这三个因素有直接关系。大部分在私域做知识付费的老师，流量本来就不多，或许几千人，或许上万人。

所以，如果仅仅是靠私域的存量进行发售，那么百万这个数字就很吃力，那么怎么办呢？

答案是：裂变。

就是在整个发售流程的最前面，加一个裂变组件。试想一下，如果你想先卖一个100元的产品，而你有5000个私域，你努力推广卖了200单，交付3—5天，然后发售后端的高价产品。

那么，这个高价产品只能在200人中转化，例如：你的客单价是1万，10%的转化率，那么你收入20万。

如果你有一种方式，还是5000个私域，卖200单，但这个时候你不急着进入下一个流程，而是在交付前，有办法让这200个买的人帮你裂变，那么200人可能就变成了500人。

同样是1万客单价，10%转化率，那么你的收入就是50万。所以发现没有，你的收入翻倍了。这就是通过存量筛选种子，然后再让种子裂变的策略，最终实现发售金额的翻倍，那么如何裂变呢？

这是核心秘密了，有很多种方式，裂变可以免费裂变，也可以付费裂变。我个人比较热衷于付费裂变，因为这样的用户都经历过筛选，更加精准有效，转化更可控。

我知道市面上有很多老师都是免费拉群，做公开课，看似人很多，但不精准。那么付费裂变怎么做呢？

我分享两种有效的方案。

第一种：身份分销

你要设计个前端产品，然后卖这个产品的联合出品人、联合发起人、联合研究员等身份。这个身份有一些额外的好处，这样的目的是提升参与感。

用户购买后，你要给予身份确定。当用户认同自己这个身份后，产品上线的时候，他们就会有很强的热情进行分销。你需要做的是设置50%的分成+标准的推广方案让他们复制执行。

这样一来，这个前端的低客单产品就会裂变，从而带来更多精准付费用户。

第二种：极致分钱

首先，极致分钱就是他卖的都归他，人性就是这样的。如果你分他50%，甚至90%，他都会感觉在给你干；但是如果你100%分配，他就会感觉是在给自己干。

你可以加上一个拉升机制，准备一个与你课程互补的赠品。凡是推广3人加入的，可以获得这个赠品，你思考一下会如何？

卖的钱都归你，而且卖3个还送另一个赠品，那就没有理由不干。

这样裂变就打开了。

二、产品单价

流量裂变本身就可以实现发售金额的倍增，但这还不够。如果你的私域流量有限，例如2万以内，并且你新增流量能力不强，那么千万不要发售几百到几千的产品，我说的是核心产品价格，为什么呢？

因为那样，你无法年入百万，一定要做超高价。我的很多学生私域就5000、8000的，也能年入百万的秘密就是"超高价"，多高呢？2万、3万、5万，类似这种客单价，交付多久呢？

一般2—3个月，为什么我不提倡使用外面老师教你的模型呢？先卖9.9元，然后再卖个几百，再几千，再几万呢？

因为你的流量不够消耗，升单路径太长，过程中流量就折损无几了，而且非常消耗精力。但你会说有人这么做成功了，很多大公司都这么做。

注意，他们获取流量的能力跟你不是一个级别，他们通常每天有1000个新粉丝进入，然后一堆销售员在服务跟踪成交。超级个体模型与公司团队模型本身就不是一个模型。

人生的秘密一直在于因地制宜，做正确的选择，所有对的东西都有前提，如果放弃前提而模仿，那么大概率都是失败。

三、产品设计

你会有另一个问题："智多星老师，我的名气一般，或者行业里同行的课程最高就几千，我怎么卖几万呢？"

通常来说，你名气一般，的确没有办法把课程卖到几万。这个时候你要卖别人卖不了的东西，就是时间+服务，特别是录播课，卖不起价格。

你要差异化，因为高客单是核心，所以你要重构产品结构，设计出满足用户心理高客单的产品，我来举一个例子。

假如现在你要追一个女生，你希望在她生日那天给她表演一个魔术：白纸变玫瑰。

就是你拿出一张白纸，叠成纸玫瑰。纸玫瑰从女生手中悬浮到空中，然后你用打火机点燃白纸，一瞬间纸玫瑰变成了真正的红玫瑰，效果太棒了，你想学。

现在你在抖音上看到有人卖这个教学录播课，卖39元，但是刚好你的朋友圈有一个魔术师，他也会。你怕网络课程学不会，就问他能不能教你。

如果这个时候，他说可以，然后说学费399元，给你线上教学。这个时候你还会买吗？

买的可能性不大了，同样都是录播教学却贵了很多，但如果这个魔术师说，399元包括面对面线下教学，并且给你配道具，那么你会买吗？

可能会，因为你的隐形痛苦就是怕自己看视频学不会，希望手把手教，而他的399元的产品就满足了你的需求。所以你会发现，同样的产品，结构不一样，客户是愿意付不同价格的。

这就是很多人知道有盗版课程，但还是愿意付高价买正版的原因。重构产品的核心，是卖到用户心坎里去，这就是秘密。

产品设计其实是一种博弈，影响力强，流量多到消化不了，那当然卖录播课，社群课，几天交付玩，客单价低，但是如果影响力弱，流量少，那么就要卖承诺，卖时间，卖服务，不然同样价格，用户一定选择名气大的，但是……

名气大的人有一些缺点，就是他们没有时间服务客户，但很多时候客户就是需要陪跑服务，但服务很耗时间，所以客单价就要高，如果你客单价低，还陪跑，那就等于慢性自杀。

提升发售境界的 4 个秘法

秘法一：提升故事能力

毫不隐瞒地告诉你，其实每一场发售，都是一个故事，只不过有的人把故事拍成了电影，有的人把故事拍成了一系列短视频，有的人把故事写出了小说，而我们把故事嵌入到了发售流程中，为了赚钱。

进入开门境的前提，就是你有"讲故事"的能力，这样你就可以用一个新故事来吸引用户的注意力。鸣枪示警的核心，就是要吸引注意力，而注意力的核心是相关性和刺激性。

所以，你需要讲一个与用户痛苦和梦想相关，并且对他的认知产生超级冲击的故事，这样他的注意力就会被你捕获。

例如：2016年，我讲了一个普通人，只需要200个微信好友就可以月入10万的故事，200个微信好友与普通人产生了"相关性"，而月入10万对认知产生了冲击（也就是刺激），好奇驱使用户寻找答案。

一个好的故事，通常由下面5个部分组成。

1.主角；

2.冲突；

3.反转；

4.悬念；

5.因果。

通常来说，人们听完一个故事后会在大脑中总结出一个答案（也就是因果），而我们通过发售流程，与用户一步步推进了一个故事。这个故事进展到3/4的时候，我们希望用户得到一个什么答案呢？

答案是：**我想要。**

这也就是发售心法"想买在前，想卖在后"的由来。某种意义上来说，你的故事可以直接干扰用户的认知，而认知决定行为，那电影导演是如何让你讨厌一个反派的？

其实很简单，让反派残害你喜欢的主角，干出与你道德观、价值感相冲突的事情，这样你自然就会讨厌他，而导演又是如何让观众在结尾的时候"怜悯"一个反派的呢？

答案也很简单，展现他之所以"作恶"的原因。例如《复仇者联盟》中"灭霸"要毁灭宇宙中一半生命的原因，那一刻挺多人也感觉灭霸挺可怜，也没有那么讨厌。

你的认知不由你决定，而由导演决定，这或许就是这个世界的秘密。我们还是回到故事本身。

一个故事，一定要有一个主角，是你，还是你的某一个客户，某一个朋友，都可以。这样故事的角度就有了，通过这个视角展开一个故事，然后学习。

小说作者的手法，每次讲到高潮就戛然而止，需要等下一章。这就是悬念，因为发售也一样，你需要通过多个步骤来完成，而让用户按指令一步步向前走的核心，就是故事不讲完，构造悬念。

冲突和反转是你用来调动用户情绪的秘密武器，因为只有情绪大于理性的时候，渴望才会没有阻挡，最后的成交才会变得势如破竹。

关于提升讲故事的能力，我有两个建议，第一，买几本写故事的工具书看；第二，多看带有故事的销售信，然后再掌握一个核心。一个好的故事，是从不同角度来推进同一件事情，并有意删减后的结果。

秘法二：研究工具衔接

我们做发售的时候，要用到很多工具，例如：微信群、公众号、朋友圈、直播间、群发软件、打卡工具和收款通道等，而这些工具没有一个是你开发的。

做发售的时候，你必须提前弄明白每个工具的特性和优缺点，然后在设计发售流程的时候，能够把它们有序地串联起来。否则你有可能因为小小的失误，导致发售失败，这并非我恐吓你，而是千真万确血的教训，我说几个工具没有用好的风险。

例如现在视频号直播间，只能挂"视频号小店"，而视频号小店与原本的"微信小商店"看起来界面一样，但审核规则完全不同，还有风险机制也不同，怎么理解呢？

视频号小店上架产品审核特别严格，很难通过，而你的发售成交节点又来了，那么就会导致无法开通购物车。

视频号小店还有一点，如果你开通后，没有任何交易，而直接在直播间挂产品，一瞬间卖了100多单的话，那么你的店铺大概率会被封，为什么？因为平台认为你刷单，一个从来没有交易过的店铺突然有100多单很可疑。

我最近面临的，就是不知道工具特性所带来的麻烦。所以你开了个视频号小店，需要上架几个产品，连续一周，每天都有几单交易，然后再挂直播间才不会被封。

开直播间的时候，你的直播手机一定要用散热器，特别是夏天，否则一旦手机温度高了就会很卡。而这种卡不是一开始就出现，等你要成交的时候，刚好手机过热，这会大大影响你的成交效果。

还有直播间的预告和指定人群直播等细节，都会影响你的发售效果，这些都是需要做发售前弄明白的细节。如果你想创造全新的流程，可能会用到不同工具的组合，那么你就必须提前弄清楚工具特性，这样才会无缝衔接。

秘法三：打通积木思维

积木玩过吗？世界上最好的品牌叫乐高（LEGO）。无数小的模块，根据你的创意，它们可以拼成不同的形状，例如：飞机、火车、宇宙飞船，又或者一栋摩天大厦，拼成什么样完全由你决定。

最开始玩这个，你需要一些固定的图纸，然后你一比一模仿拼接。之后，你在没有图纸的情况下，也可以搭建出新东西，发售也是这样的。

从模仿到自主创新的一个秘密就是，把模仿的各种发售模型打散，变成很多小的模块，然后把不同模型的模块进行重组，那么就可以发明新的模型（发售流程）。

不要以为这个流程只能这样子，它并不是天生就是这样的，每个流程模型都是人思考设计出来的。所以一定要有积木思维，多拆解别人的发售模型，多思考它为什么这么设计，每一步的优缺点是什么，这个模块如果放到另一个流程中会如何？

就这样，一步步的思考，你终究能获得自主创新的能力。

秘法四：洞悉人性代码

在设计发售流程的时候，你一定要明白为什么这么设计，一定要明白背后的"人性代码"，否则你就只能一直模仿，而无法创新。

我知道有的人感觉模仿挺好，但是你模仿久了，就会有一种莫名的痛苦，无法创新就是一种巨大痛苦。很多年前，我想考美术学院，当时我有一个绝技，就是你给我一幅画，我可以画出几乎相同的画，这个绝技就是模仿能力，而随之也产生了一个痛苦，那就是如果你不给我一个实物参考，那么我就什么都画不出来。这个痛苦伴随了我很多年，直到2015年，才得以解决。

我之所以要把这本书写出来，是因为我希望有更多的人能够着眼于创造，而不是一直模仿。模仿可以偷懒，取巧，但终归会遇到一些模仿也解决不了的问题。

什么是人性呢？

就例如：你要让用户看完你的文章，还愿意进群，怎么做？

如果你的文章中把所有东西都讲了，那么我告诉你，人们就不会进群，因为满足就等于结束，所以你要用"悬念"让他们好奇、难受，得到了一部分，但又没有完全得到，这就是人性。

做发售就是顺应人性的特点，对应设计流程，让用户最后忍不住想成交。

那么如果你想让产品一上架，大家都追着买，你要怎么做呢？

前文提到小米手机让用户一起参与开发系统，这就是一个很好的案例。

当然，人性按钮有很多，你所知道的从众心理、攀比虚荣、损失厌恶、违约成本等太多，那么怎么收集呢？

多看《乌合之众》《怪诞行为学》《影响力》这几本书，然后最后的秘密是什么？

当你在设计发售流程的过程中，如果你遇到了某个阻力，那么请记住我的这句话：任何问题都是心理问题，你只需要找到对应的人性按钮，然后在流程中植入进去，问题就会被化解，多年以来我都是这么做的。

接下来，你可能要开启发售之旅了，但是心中或许还有很多恐惧，没有关系，下一章节我将与你分享"确保发售不败的5个心态"，一定会让你能量十足。

Chapter

第十五章

发售禅道：确保发售不败的
5个心态

心态一：预期是魔鬼

大家都希望更快赚到很多钱，当有人听到主流媒体上曝出来的发售都是一场赚几十万到几百万的时候，不免会产生暴富的想法，认为只要一旦掌握发售技术，刚起步就可以赚很多钱。然后给自己的第一场发售目标定得很高，例如：我要赚50万或者100万。这样对吗？

在很多人的价值观中，它是对的，认为定一个目标很重要。但是切记，目标不是"执念"，而我想说的是，最好不要定一个高目标。在销售领域洗脑的人经常说"一定要定高目标"，而我持相反的观点，发售的目标最好定低一些，例如：你根据自身的情况分析一场发售后，认为可以获利50万，但是你最好把目标定在20万。为什么？

因为"高预期是魔鬼"。

在发售流程中，你需要拉升客户的预期，而不是自己的，为什么？

1.高预期会给自己带来很大压力；

2.高预期往往是发售崩溃的核心。

高预期，会让一件开心的事情变得不开心，例如你的发售预期是100万，最后却只发售了60万，你的心情不是开心而是失落。

为什么你成功了还失落？这是因为你最开始的高预期所导致的。

我有一个朋友，策划了一场发售，还没有开始就给自己定了一个很高的目标——一场发售赚500万。他给我看了他的计划，我说不可能实现，但是他认为一定可以实现，然后计划开启。

他的产品在前端卖100元，最开始他预判可以卖给8000个人，但最终却只卖给1000人（而且本人累得够呛），这个时候他开始有些崩溃。交付了这个100元的产品后，他又准备卖后端产品，但这时他的状态开始不对，为什么？因为他感觉500万的目标是不可能达成了。他压力很大，认为自己的发售失败了，带着这样的心态课程也讲不好了，所以后端成交也不好，整个人直接崩溃了。其实他如果没有最开始发售500万的预期，那么这个发售结果如何都是开心的，例如他可能会想：把100元的产品卖了1000人，也挺好呀，然后卖后端产品时也会很开心，这就是"预期是魔鬼"。

后来我介入，给他重设了一段流程，最后这场发售进账200万。

我每次要发售的时候，很多人会问我，这一场你准备做多少呀？我一般会笑而不语，如果还持续问，我会说我没有预期。没错，没有预期就是最好的预期，这样的话，只要有一单，你都会开心。

心态二：测试大于成功

开始第一场发售的时候，很多人的心态是"只许成功，不许失败"，这种心态会让你有压力，也会让你一直在准备中，希望准备完美、万无一失再动手，最后就是一直没有动手。

记住，你需要拥有测试思维，对于没有做过发售的人来说，动手去测试，比一场成功的发售更重要，因为成功总会来临，只要你不放弃。

很多时候我们总是因为所谓的"面子"而不去动手，害怕一旦发售失败别人知道了怎么办？其实能怎么办，别人的眼光对你而言真的有价值吗？不过是你在"无明"状态下对于存在感的需求而已，你穷，别人笑你不重要；你富，别人看得起你也不重要，静心做好当下的事情才能过好一生。我们需要钱，但钱不是所有，你需要理解更多钱以外的东西，去学会生活，享受人生。当然，如果你对于"修行"感兴趣可以看我的另一本书，叫《金刚入定》，2024年应该可以买到，这本书主要是教你如何觉醒的。

言归正传，想成功，就不要怕丢"面子"，大胆动手去测试。

心态三：成功大于金额

千万不要过于追求一场发售的金额，因为成功更重要，所以要因地制宜地设计发售流程，不要为了发售金额而去做不匹配的设计。不成功是0，而成功却一定大于0，赚钱不是一次性的事情。

不要过于看重金额，心态要稳。急着赚更多钱，不过是为了把你眼中的某些人比下去，也没有人会因为有了1个亿，而真的停止赚钱，这个世界上拥有几十亿上百亿的人很多，而他们每天还在奔波。所以，一定要懂得螺旋上升的道理，在成功的前提下一步步去提升发售金额，量力而行，方为正道。

心态四：适合大于规模

发售的时候，千万不要看着别人用了什么模型，或者一些大模型一场赚了几百万，就要硬把那个模型套到自己的产品上，有可能那个模型不适合你的产品。我一直告诉我的学员们一个道理——适合比更好更重要。

什么意思呢？其实很多人会跟我说："智多星老师，你发售那么厉害，为什么不扩大公司规模（我公司现在只有6个人），然后疯狂发售赚更多钱?"这听起来是个不错的建议,但是不好意思,不适合我。

不要因为规模而去做自己不擅长的,因为这样你反而会丢掉你原本适合的,发售的时候也一样。你要深刻地了解自己,这一点非常重要,其实很多人并不客观地了解自己,经常活在想象中,这是极其恐怖的事情。只有实事求是,你才会知道自己的节奏,才能明白现在贪大会面临什么。很多人总是有着拼一把,赌博的思维,这里分享给你一句《孙子兵法》中比较核心的哲学思想:**在不败的情况下,再去求胜**。

心态五: 别人不知道你在做什么

我本节要分享的是:发售其实是不会失败的。为什么?

发售不成功的最后一步,其实用户并不知道你要卖什么,卖多少钱?如果中间哪个步骤你感觉数据不好,定位不对,停止即可,并不会有所谓的面子问题。因为对方压根就不知道你要卖东西,在他看来,你只不过是做了几次分享,给大家贡献了一波价值。

这里就要讲到魔术界的一些小知识。我13岁就学魔术了,例如,现在我要表演一个魔术,让你抽一张牌,你抽了一张,原本我要做的是用读心术猜出你选的牌,那么我怎么样才能猜出呢?

答案只有一个，就是让你抽中我要让你抽中的那张牌。这要怎么实现？魔术师有一种手法叫"强迫选牌"，但是由于我操作这个手法失误了，我没有办法完成剩下的读心过程，因为你选了别的牌，怎么办？要宣告魔术失败吗？当然不能，你可以让观众把牌插回牌堆中，然后用控牌术把这张牌控制到最上面，再用一个华丽的飞牌手法让这张牌飞到空中，最后回到你的手里，这个时候你会获得观众的掌声。

提到这个例子是什么意思呢？其实在你的世界里，你知道自己要变的是读心魔术，但是观众并不知道，观众看到最后会认为：哦，原来你要表演的是找牌魔术。

我们再回到发售上，从发售一开始，其实就只有你自己知道自己要发售，而用户是不知道的，如果中途停止，他也只是认为你原本就是想做一个分享而已，所以你根本不用有那么大的压力。

一切不过是自己的心魔在作祟而已。

接下来，是时候开始发售了！

Chapter

第十六章

是时候开始发售了

虽然我不知道你现在是否已经学会了"发售",但我想告诉你,是时候开始踏出第一步了,第一步没有你想的那么难,那个"难"是你假想出来的,是由你内心的恐惧幻化而来,其实并不是真实存在的。

他不会群发,但一场发售做到 50 万

有一位网名叫"古得拉克"的抖音美食网红,他的抖音平台有255万粉丝,但变现的渠道却很单一,就是"星图广告",他想把做抖音短视频的经验做成一个课程,然后做知识付费。他有一个巨大的优点:敢干。

没错,他听了我的公开课就开始做发售,然后一边做一边问我,当时我很诧异,因为他连微信的群发都不会,他自嘲地说:"我是一个水货,你别笑我。"说实话我很佩服他的勇气。

在发售的过程中我指点了他几次,然后他真的成功了,人生第一场发售进账50万,然后他说:"我是不是应该拜个师。"我说:"当然了。"就这样,他给我转了拜师费,成了我的学生。

他有点结巴，一场发售 100 万

欧风老师，他从小有口吃，普通话现在也不标准，但是他却是很多互联网创业者的老师。我与他在电商时代就认识了，那个时候我们都还是电商导师，他有一个优点：不耻下问。

他说自己不算超级聪明的人，但是只要发现你有他想要的绝活，他不会顾及自己的身份，买你最贵的产品，向你学习。

正所谓能屈能伸方为"豪杰"，2020年他拜我为师，希望学习到"发售绝技"，我也毫不保留地教他。

很快他就迎来了人生中的第一场发售。他条件不错，有多年讲课能力，也有基础的粉丝量，单场发售100万。到今天为止，他已经做过很多次发售了，也是一名经验丰富的发售导演。

她 50 多岁，是一名发售导演

心雅老师是我学生中年龄比较大的，今年已经50多岁了。她的公司就母子二人，一年轻松赚大几百万的利润，过得非常滋润，但却很少有人知道，在2021年的时候，她还负债累累。

她是如何逆转的呢？

1.聚集

2.借力

3.发售

聚集"利润魔术",给实体企业提供营销策略,发售方案;借我的力,深入参与我的发售流程;训练自己的发售能力。她用了一年的时间就处理完了债务,现在的她越来越年轻,脸上每天都挂着笑容。

其实和本章人物经历相似的还有很多,我并不想用更多的事例来向你炫耀发售的魅力,而是想通过这三个故事告诉你一个道理,没有人天生就会发售,大家都是从0开始的,所以不懂、口吃、年龄大永远都不是你的借口。

借口只是你逃避恐惧的理由,当逃避成为你人生的主旋律,那么你的人生也就完蛋了,所以出发吧。

过去8年,我是一个人在孤独、黑暗中摸索过来的,我只能自己跟自己对话,没有任何人可以跟你讨论发售的细节,而现在的你是非常幸运的,学习发售有书和课程,现在的发售者也越来越多。所以,相信我,现在出发,发售很简单。

我在前方等你!

——你最真诚的朋友　智多星

特别感谢

特别感恩我的恩师克亚老师，在我迷失方向的时候，出现在我生命当中，成为指引方向的灯塔。可以说没有他的指引，我或许还在无尽的黑暗中徒步前行，所以希望这本书也可以成为更多人的灯塔，让更多人推开一扇全新世界的大门。

不可否认，我们的成功都是站在巨人的肩膀上。在此，感谢美国营销大师杰夫·沃克老师在29年前创造了发售的理论基础，让我有幸在2018年前往美国深度学习，这才有了目前中国发售市场的欣欣向荣。

如果你看完这本书还觉得不过瘾，可以看我的另一本书《脉冲式发售》（已经上市）。我还有另一本《发售原理》正在筹备中（预计2024年下半年上市），它会让你更加立体地了解发售世界。